¡Aprobado!

GCSE Examination Practice

Clive Carthew

Senior Lecturer in Business Languages, East Warwickshire College of
Further Education
Chief Examiner in Spanish at Ordinary Level for the Associated Examining
Board

David Webb

Lecturer in Education at the University of Leeds
Chairman of the Associated Examining Board's Spanish Committee

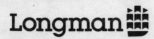

Acknowledgments

The following items are, with minor alterations, as written by the authors for the Southern Examining Group's Specimen 16+ papers in Spanish, and are reproduced with their kind permission:

Publicidad, Extracts from letters (3), Shopping in Avilés 2(e), Property advertisements (3), Booking for a campsite (1), Si tenéis invitados . . ., Day out on a donkey, Life with father, El tiempo, Match of the day, Family tragedy, Rôle-playing 5 (1, 3).

We are indebted to the following for permission to reproduce copyright material:

Ediciones Vicens-Vives S A for an extract from pp 116–119 *Cuentos del Arco Iris* by Carlos Reviejo; Renfe for extracts from a publicity handout and the Madrid Telephone Company Handbook.

We are unable to trace the copyright owners of *Ya Dominical* 3/10/82 and would appreciate any information that would enable us to do so.

LONGMAN GROUP LIMITED
Longman House
Burnt Mill, Harlow, Essex CM20 2JE, England
and Associated Companies throughout the World

First published 1986
ISBN 0 582 33178 1

Set in 10 on 12pt Monophoto Helvetica

Produced by Longman Group (F.E.) Limited
Printed in Hong Kong

Cover photograph by Picturepoint
Illustrations by David Parkins and John Plumb

A cassette, ISBN 0 582 33177 3, is available to accompany this book.

By the same authors
In your own words: Spanish

Contents

Preface

¡Aprobado! is designed to provide practice in listening, reading, speaking and writing for students preparing for GCSE examinations in Spanish. As these examinations continue to evolve, the emphasis is more and more on the use of authentic materials of the kind that students may well encounter on a visit to Spain. Moreover, wherever appropriate, the tasks set are those which would arise naturally when meeting Spaniards, either at home or in Spain. Students, therefore, need to be familiar with the type of language found, for example, in official notices, newspapers or magazines. They may be required to understand station announcements, traffic information and spoken directions, to write simple formal and informal letters, leave a note, and demonstrate that they can communicate with Spaniards in the kinds of situations most likely to arise. Provision of relevant authentic practice material can, however, pose difficulties for teachers, particularly in the area of listening and reading comprehension, and one aim of *¡Aprobado!* is to help with this problem.

The book contains sections devoted to each of the skills of listening, reading, speaking and writing, and within each section items have been roughly graded according to difficulty. Each section also contains practical hints ('Suggestions for success') on how best to tackle different types of examination question: rôle-playing, picture essays, letter writing, and so on. All items for listening comprehension have been recorded on an accompanying cassette and a tapescript is given at the end of this book. For teachers using a topic-based approach, a separate index has been provided listing those items which fit well with the most commonly encountered topics (e.g. holidays, shopping, transport).

As members of the Southern Examining Group's 16+ Working Party for Spanish, the authors wish to record their debt to the other members of the group whose comments have helped shape the nature and content of this book. They are particularly grateful to George Mills, Head of Modern Languages at the George Ward School, Melksham, for testing items in the classroom and to Conchita Spencer, Trinidad Martínez de Ventura and Graham Rees for their invaluable help in the provision and preparation of material.

Reading

Contents

Suggestions for success: Reading comprehension

1 Notice whether the text has a title

First of all, notice whether the text has a title. If it has, then this may well provide a broad guide as to what is to come and even contain valuable clues about the precise meanings of certain words. For example, even without the text, titles such as 'Fire!', 'An unfortunate hiding-place' and 'Never trust a stranger' give useful indications about the story-line.

2 Read through the whole text

Next, be sure to read through the whole text, several times if need be, and build up as complete a general picture as you can. Whatever you do, **don't** read the first line or two and then start worrying about the meaning of a particular word or phrase: this may well be made clear by something that occurs later in the passage – and even if it isn't, you may not be asked a question about it anyway!

3 Don't expect to understand every word

Even after reading the text several times, don't expect to understand every single word. Try and grasp the essentials and then make a sensible guess about anything that is still unclear.

4 Look carefully at the questions

Once you have read the text, look carefully at the questions: like the title, they too can provide useful clues, adding more to the general picture and perhaps even helping with the meaning of yet more words.

Remember also that the questions usually follow on logically through the passage. This means, then, that the answer to question 3 will very likely be somewhere between those parts of the text which give the answers to questions 2 and 4.

5 Include all relevant details

Don't lose marks needlessly either by not reading the questions properly or by not including all the relevant details in your answer. Look, for example, at the following item from a newspaper's lost property column:

> **Pérdida,** bolsa roja en calle San José cerca
> Correos. Gratificaré. Tel. 478211.

If you were asked 'What has been lost?', you would need to say not just that it was a bag, but that it was a **red** bag. Similarly, the question 'Where was it lost?' would need the answer 'in San José street **near the post office**' to gain full marks.

Signs

These are some of the signs you will see on a Spanish station (and elsewhere). Which of the captions below goes with which sign?

i v ix

ii vi x

iii vii xi

iv viii xii

a Objetos perdidos
b Correos
c Paso subterráneo
d Cambio de moneda
e Salida
f Escalera mecánica

g Sala de espera
h Despacho de billetes
i Caballeros
j Consigna automática
k Paso prohibido
l Entrada

Pérdida 1

This is an item from a newspaper's 'Lost and Found' column.

> El día 16 a las 8.30. Pérdida, bolsa en Avda. Meridiana cerca Ayuntamiento, contiene ropas y libros. Se gratificará. Tel. 227 20 16.

a What has been lost?
b Where?

Publicidad

Walking down the street of a Spanish town, you are handed this card:

JEANS TOP

Espoz y Mina, 36 · Teléf. 221 22 70 (Metro Sol)

MODA JOVEN
TRAENOS ESTA TARJETA
PARA
UN

10% DESCUENTO

CIMARRON, LOIS, JESUS,
WRANGLER, ALTON, LEE, etc.

a What offer is being made here?
b What condition is attached to it?

Road signs

When driving in Spain, you might see the following signs. What do they mean?

a DESPACIO

b PELIGRO

c ESTACIONAMIENTO PROHIBIDO

d CEDA EL PASO

e OBRAS

f DESVIO

News headlines

You see the following headlines in a Spanish newspaper. Read them through and then answer the following questions.

a

Tres serpientes en la playa de Benidorm

Where were the three snakes?

b

Al derribar una casa encontraron monedas de oro

What happened when a house was demolished?

c

Sacerdote sevillano asesinado por un soldado

What happened to a priest from Seville?

d

Un perro mordió billetes de mil pesetas

What did a dog do?

e

Espectacular choque en la carretera de La Coruña

What happened near La Coruña?

f

Profesor en grave estado tras comer una planta venenosa

Why is a teacher seriously ill?

Official addresses

Look at the following list of organisations in Madrid, then answer the questions.

OFICINA DE INFORMACION TURISTICA
Torre de Madrid, Plaza de España

RENFE
Alcalá, 44

IBERIA
Plaza de Cánovas del Castillo, 4

REAL AUTOMOVIL CLUB DE ESPAÑA
José Abascal, 10

REAL AEROCLUB DE ESPAÑA
Carrera de San Jerónimo, 15

REAL MOTOCLUB DE ESPAÑA
Orfila, 10

OFICINA DE OBJETOS PERDIDOS
Santa Engracia, 120

ESTACION SUR DE AUTOBUSES
Canarias, 17

RESIDENCIA SANITARIA LA PAZ
Paseo de la Castellana, 261

a If you wanted information about sight-seeing in Madrid, where would you write to?
b What Spanish organisation has offices at Alcalá, 44?
c If you wanted to fly from Madrid to London, where would you go for information?
d Which three royal clubs are listed here?
e What reason would you have for visiting Santa Engracia, 120?
f Imagine that you have to meet someone who is travelling to Madrid by bus from Seville. Where would you go?
g What is at Paseo de la Castellana, 261?

Extracts from letters

Read the following extracts from Spanish letters, then answer the
questions.

1

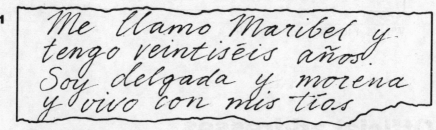

> Me llamo Maribel y
> tengo veintiséis años.
> Soy delgada y morena
> y vivo con mis tíos

a   How old is Maribel?
b   Who does she live with?
c   What two other things does she write about herself?

2

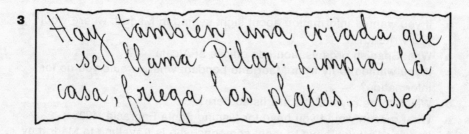

> Los jueves suelo ir
> a ver a mi prima
> madrileña, Anita. Lleva
> gafas y es bastante gorda

a   When does the writer usually go and see Anita?
b   What is the family relationship between Anita and the writer?
c   Where does Anita come from?
d   What two other things are we told about Anita?

3

> Hay también una criada que
> se llama Pilar. Limpia la
> casa, friega los platos, cose

a   Who is Pilar?
b   What three things does she do?

House for sale

Read this advertisement for a house for sale, then look at the twelve statements below. Write down **T** for those which are true, **F** for those which are false.

SE VENDE EN ESPAÑA

¡¡¡PARA OCUPAR AHORA MISMO!!!

A SOLO TREINTA MINUTOS DE MADRID, por autopista de La Coruña. En Los Molinos, al pie de la sierra de Guadarrama, a ocho kilómetros del puerto de Navacerrada, con sus maravillosas pistas de nieve para esquiar. A 15 kilómetros de El Escorial, a 45 de Segovia, a 50 de Avila, a 20 de La Granja.

COMUNICADISIMO. Tren eléctrico y bus cada treinta minutos.

¡¡¡PRECIO INTERESANTISIMO!!!

RESIDENCIA de 375 metros cuadrados, amueblada, construida en piedra. Carpintería exterior metálica. Seis habitaciones. Cinco baños. Cocina. Despensa. Comedor. Living con chimenea y sala TV formando un gran salón. Calefacción programada, refrigeración. Bodega. Garaje completamente equipado. Porche y terrazas.

PARQUE-JARDIN de 250 metros cuadrados. Riego automático programado. Piscina con equipo depurador y limpiafondos automático programado. Vestidores. Ducha. Pozo con motobomba. Invernadero. Pérgola con barbacoa de piedra, muebles de jardín.

TELEFONO, ELECTRICIDAD 220 V, GAS, AGUA DE LA RED.

Dirigirse por correspondencia a:

Haciendas de Lujo. Apartado número 9.578 Madrid (España) o telefónicamente al 21-2469571.

---

a The seller offers immediate vacant possession.
b The house is seven kilometres from Navacerrada.
c There is an excellent airport at Navacerrada.
d There is a bus every 20 minutes.
e The house is for sale furnished.
f It is built mainly of wood.
g There are two bathrooms.
h There is an open fireplace.
i There is fully-automatic central heating.
j There is a swimming pool in the garden.
k There is a brick barbecue in the garden.
l Water comes from the house's own well, not the mains.

Clothes care

As in England, many clothes bought in Spain come with a card listing cleaning instructions. Look at these labels, then answer the questions.

impermeables
cisne

O
MANTENIMIENTO:

- Lavar en agua fría con jabón neutro, ayudando con una esponja.

- No planchar.

- No usar nunca acetona ni alcohol.

- Debe evitarse el contacto con objetos calientes.

a What item of clothing did these labels come from?
b What are the washing instructions?
c What is one of the things you are told not to do?

Airport timetable

AEROPUERTO DE ASTURIAS

SALIDAS

A MADRID:	Diario. Salida a las 9,50. Llegada a las 10,45.
A MADRID:	Diario. Salida a las 21,40. Llegada a las 22,35.
A BARCELONA:	Lunes, miércoles y viernes. Salida a las 19,15. Llegada a las 10,25.
A BARCELONA:	Martes, jueves, sábados y domingos. Salida a las 17,50. Llegada a las 19,00.
A SANTIAGO:	Lunes, miércoles y viernes. Salida a las 22,00. Llegada a las 22,40.

LLEGADAS

DE MADRID:	Diario. Salida a las 8,10. Llegada a las 9,10.
DE MADRID:	Diario. Salida a las 20,00. Llegada a las 21,00.
DE BARCELONA:	Lunes, miércoles y viernes. Salida a las 20,00. Llegada a las 21,20.
DE BARCELONA:	Martes, jueves, sábados y domingos. Salida a las 15,55. Llegada a las 17,05.
DE SANTIAGO:	Lunes, miércoles y viernes. Salida a las 8,00. Llegada a las 8,35.

Teléfonos: 56 17 19 y 56 34 04

a What are the times of the daily departures to Madrid from Asturias airport?

b What is the earlier time of arrival in Madrid?

c If you had to travel to Barcelona on a Wednesday, at what time would you leave Asturias airport?

d If you were travelling to Barcelona on a Sunday, at what time would you arrive?

e On which days can you not travel to Santiago?

f If you had to meet someone travelling from Madrid to Asturias airport on the earliest possible flight, at what time should you be at the airport?

g If your friend was not on that flight, when does the next flight from Madrid arrive?

h How long does the flight take on a Thursday from Barcelona to Asturias airport?

i If you were at Asturias airport on a Monday morning and saw a plane land at 8.35, where would it probably have come from?

Shopping in Avilés 1

You are on holiday in Avilés in Northern Spain. In a local newspaper you see the following advertisements. Read them through, then answer the questions.

MUSICAL CAMPOS

Pianos - Flautas - Guitarras
y todo en instrumentos Musicales

Núñez de Balboa, 7
Teléfono 56 35 49
AVILES (Asturias)

deplas
PARA

MATERIALES
Y PLASTICOS
DECORACION Y
CONSTRUCCION

López Ocaña, 5 - Teléfono 56 51 29
AVILES

RADIMAR

ELECTRODOMESTICOS - T. V. - HI.FI - LAMPARAS
MAQUINAS DE ESCRIBIR Y CALCULAR - REGALOS
RELOJERIA - JOYERIA - MENAJE DE COCINA
TALLER DE REPARACIONES DE T. V. Y RADIO

Avda. Los Telares, 44-46   Teléfonos 54 92 24 - 54 44 52

AVILES

ZAPATERIA VIÑA
REPARACION

La Cámara, 8   AVILES
A su Servicio en LA LUZ
                    c/. Ruiz Gómez, 29
VENTA A PRECIOS MUY
ECONOMICOS

CENTRO COMERCIAL
casa TINO
Piedras Blancas
¡CIENTOS DE JUGUETES
MAS BARATOS
QUE EN FABRICA!

a If you wanted to buy a Spanish guitar, which shop would you visit?
b What does *Deplas* sell?
c In which shop would you look for jewelry?
d Name three other articles you can buy at the shop selling jewelry.
e An English friend has asked you to buy her a pair of Spanish shoes.
   What is the name of the shop you will have to visit?
f What other service does the shoe shop offer?
g What does *Casa Tino* sell?
h What does *Casa Tino* claim about its prices?

Skiing holiday

Curso Integral de Ski y Ski Semana.

Como hacer su reserva.

- Decida la semana que destinará a esquiar y elija dónde quiere alojarse.
- Llame por teléfono a cualquiera de las oficinas de Baqueira-Beret para obtener la confirmación de su reserva en el acto.
- También puede hacer su reserva personalmente en las mismas oficinas y en las AGENCIAS DE VIAJES especializadas.

a If you wanted to go on the *Curso Integral de Ski*, what would you first have to decide and choose?

b What would be your next step?

c Why are *Agencias de viajes* mentioned?

Vuelos suspendidos

Read this newspaper item, then answer the questions.

Vuelos suspendidos de Iberia

Madrid, 19. La compañía Iberia ha suspendido dos de sus vuelos programados para hoy y tiene previsto cancelar dos de los de mañana domingo. Los dos vuelos, de ida y regreso, suspendidos hoy son el Madrid–Niza y Palma–Ginebra.

a With what form of transport is this announcement concerned?

b On which day of the week did it appear?

c Apart from the places concerned, what information is given about today's cancellations?

Notice

On holiday in Spain, you have parked your car and gone for a walk in the town. When you return, you find this notice under a windscreen wiper:

 AYUNTAMIENTO DE FUENGIROLA.-
DELEGACION DE:

POLICIA MUNICIPAL.-

CON MOTIVO DE LAS FIES-
TAS DE CARNAVAL, SE
RUEGA NO ESTACIONEN
LOS VEHICULOS EN LA PLA-
ZA DE LA CONSTITUCION,
POR QUEDAR CERRADA AL
TRAFICO DESDE LAS 15'⁰⁰h.
DEL DIA 19, A LA 1'⁰⁰h. DEL
DIA 21.- GRACIAS.-   15-2-86

La Policia Municipal

a Who is it from?
b What are the main points of its contents?

Property advertisements

Read the following property advertisements and answer the questions.

1

> **Mallorca.** Vendo chalet con jardín privado, piscina y aparcamiento, 3 dormitorios, 2 baños.
> Tel. 2045015.

a Which rooms are mentioned in the advertisement?
b In addition to the private garden, which two other amenities are mentioned?

2

> **Lloret.** Vendo magnífico piso con frente al mar, aire acondicionado frío-calor, 4 dormitorios, cocina totalmente equipada, comedor-salón con chimenea hogar ¡Mejor que nuevo! Sólo 3 años de antigüedad. Precio interesante.
> Tel. 2537563.

a What does the advertisement say about the position of the flat?
b What detail is given about the kitchen?
c Where is the open fireplace?
d What does the advertisement say about the age of the flat?

3

> **Se alquila** piso, tres dormitorios, uno de matrimonio y dos individuales, cocina moderna, cuarto de baño, tiene comedor con balcón, está situado en la calle de Velázquez, mucho sol.
> Tel. 3100659.

a What does the advertiser want to do with the property?
b What are we told about the three bedrooms?
c Which room has a balcony?
d In addition to being in the Calle de Velázquez, what advantage is claimed for the flat?

Shopping in Avilés 2

Avilés is a small town on the north coast of Spain. Look at these advertisements for local shops, then answer the questions.

1 What is sold in each of these seven shops?

a

Pescaderías CABRERA

Marcos del Torniello, 24 - Tlf. 576655
C/. La Fruta, 7 - Tlf. 576206

EL POZON

LA LUZ

b

LIBRERIA **LA ATALAYA**

Artículos de navidad

La Cámara, 8 - Telf. 567867

AVILES

c

PERFUMERIA

FLOR

Miranda de Avilés, 12
M. del Torniello, 44
AVILES

d

¿Un reloj moderno, elegante y exacto?

UN RELOJ DE CUARZO
en:
RELOJERIA

Tomás

Glez. Abarca, 9

AVILES

2 Now look at the advertisements for three more shops:

La Estrella de Castilla
Pedro Acevedo Villa
Panadería: Padre Arintero, 1   Tlf. 540997

Pastelería: La Cámara, 24   Tlfs. 562504 - 567614

AVILES

Edelweiss   Artículos de viaje, regalo

Paraguas

Plaza Alvarado, 2   AVILES   Teléfono 566101

ALIMENTACION La Gran Vía

ESPECIALIDADES:

Charcutería fina - Vinos y licores

Embutidos y jamones - Bacalao danés

Fabes de la Granja gigantes

Rui Pérez, 9   AVILES

a What does *La Estrella* mean?

b What is sold in the branch of *La Estrella de Castilla* in Padre Arintero, 1?

c ... and at the branch in La Cámara, 24?

d What are two items sold at *Edelweiss*?

e What kind of shop is *Alimentación La Gran Vía*?

f Write down two of the specialities sold there.

What's on?

Read the following information about television programmes, then answer the questions.

TV MARTES
PRIMERA CADENA

14.15	**Carta de ajuste.**
14.30	**Programa regional simultáneo.**
15.00	**Dibujos animados:** «El diablo y Daniel el ratón».
15.30	**Despedida y cierre.**
17.30	**Carta de ajuste.**
17.45	**Apertura y presentación.**
17.50	**Avance informativo.**
18.00	**Noticias.**
18.10	**Deporte para todos.** Programa deportivo dedicado en esta ocasión al ciclismo y a la natación – campeonato de España.
20.00	**Filme:** «El amor feroz» (1973). Dos familias ven cómo sus respectivos hijos se enamoran y quieren casarse, lo que aumentará su amistad . . .
21.30	**Más vale prevenir que curar:** «Salud dental».
22.15	**Fútbol:** «Encuentro en España» Valencia – Oviedo.
23.30	**Ultimas noticias.**
23.50	**Despedida y cierre.**

a Programmes for which day of the week are given here?
b What does *Dibujos animados* mean?
c What would be the English title of *Deporte para todos*?
d What exactly does this programme contain?
e At what time(s) can you see the news?
f What is the exact topic of the programme entitled 'Prevention is better than cure'?
g When, between 14.15 and 23.50, are no programmes being shown?
h What are we told about the plot of the film «*El amor feroz*»?
i When was «*El amor feroz*» made?
   A   mil novecientos trece
   B   mil ochocientos sesenta y tres
   C   mil novecientos setenta y tres
   D   mil novecientos sesenta y tres
j What time does the football programme begin?
   A   a las once menos cuarto
   B   a las doce y cuarto
   C   a las nueve menos cuarto
   D   a las diez y cuarto

Pérdida 2

Pérdida, pulseras de oro, una, con horóscopos, y otra, con placa con iniciales M. B. el día 3, alrededor del cine Oeste. Se gratificará. Tel. 4968216.

a What has been lost?
b Where?
c What extra information is given about one of the items?
d What does *Se gratificará* mean?

Personal accounts

Read the following, then answer the questions.

1 Mi nieta preferida viene a verme todos los domingos. Vamos a misa y entonces pasamos el día en el campo. Volvemos a casa cuando empieza a ponerse el sol.

a Who comes to see the writer on Sundays?
b What do they do before spending the day in the country?
c When do they return home?

2 Hace un mes, tuve que levantarme muy temprano. No viendo por ninguna parte mi corbata, empecé a buscarla en el cajón del armario. Entonces me dirigí a la habitación de mi hijo: naturalmente había dejado toda la ropa tirada por el suelo.

a When did this incident take place?
b Where did the writer look for his tie?
c What did he find in his son's room?

3 Por la mañana me levanto sobre las siete menos cuarto. Me ducho, me arreglo, y entonces desayuno. Después, voy de compras y al mismo tiempo saco el perro a darle un paseo. Vuelvo a casa a almorzar.

a At what time does the writer get up?
b What two things does he do before breakfast?
c What does he do at the same time as going shopping?
d Why does he return home?

Picnic y paella

The following is about a day excursion in Andalusia, and is taken from a tourist leaflet:

LUNES Y MIERCOLES

Recogida en sus hoteles y salida por la carretera del interior hacia los típicos pueblos de Alhaurín y Coín, llegando al bello paraje del Manantial de Coín, donde se servirá el desayuno de chocolate o café con churros. Desde allí a lomos de caballos, burros o mulas hasta la hacienda La Laguna. Sangría y gazpacho andaluz, concursos y piscina hasta la hora de la paella, servida con abundante ensalada y vino tinto o sangría. Música y más concursos hasta la hora de regreso a sus hoteles.

a   When is the excursion available?
b   What happens when you get to *el Manantial de Coín*?
c   What is one way you travel from there to the *hacienda La Laguna*?
d   In addition to refreshments, what is one other thing which awaits you there?
e   What are two of the things served with the paella?

Recipe

You read the following cooking instructions on the back of a packet:

Viértase el contenido de este sobre en una cacerola, añádase 0.85 litro de agua y 0.15 litro de leche y hágase hervir, sin dejar de removerlo. Dejar que hierva a fuego lento durante unos 5 minutos removiendo de vez en cuando. Antes de servir, puede añadirse, si así se desea, un poco de nata o una cucharada sopera de vino blanco.

a   What is the first thing you are told to do?
b   Which two liquids must be added?
c   What are you told to do while the mixture is simmering?
d   Which two things is it suggested might be added before serving?

Laundry service

Spanish hotels sometimes provide guests with a laundry service, and display a list showing the prices for various articles of clothing. When you have studied this one, answer the questions.

HOTEL REINA ISABEL
TORREMOLINOS

Señoras	Lavar y Planchar	Tintorería	Caballeros	Lavar y Planchar	Tintorería
Jersey	165		Batines	420	
Bata	160		Calcetines	60	
Blusas	180		Calzoncillos	60	
Camisón	170		Camisas	180	
Combinación	120		Camisetas	60	
Falda lisa		330	Corbatas		240
Falda plisada		660	Pañuelos	50	
Medias	60		Pijamas	180	
Bragas	60		Traje		780
Pañuelos	35		Pantalones		360
Sostenes	60		Chaqueta		480
Traje sastre		780			
Vestido c/mangas	330				
Vestido s/mangas	300				
Abrigo		600			
Pantalones		360			
Vestido fiesta		660			

La responsabilidad del Hotel en caso de pérdida o deterioro de un artículo no podrá nunca exceder cinco veces del precio que se cobra por el servicio.

Ropa entregada antes de las 9,00h. será devuelta en el mismo día. Después de esta hora y antes de las 12,00h. para el mismo día tendrá un recargo del 50%.

1 a What does *Lavar y planchar* mean?
   b What does *Tintorería* mean?

2 In the section referring to women's clothes, how much would the laundry service for the following cost:
   a a blouse?
   b a coat?
   c stockings?
   d a handkerchief?
   e a pleated skirt?
   f a party dress?
   g a sleeveless dress?

3 In the section referring to men's clothes, how much would laundry service for the following cost:
   a a tie?
   b a shirt?
   c socks?
   d a suit?

4 Look at the two notes at the bottom of the list
   a If the hotel loses or spoils a garment, what is the maximum amount you can claim?
   b What is said about garments handed in before 9 a.m.?
   c . . . and about those handed in between 9 a.m. and 12 noon?

Cinco veces

Read this extract from a children's magazine, then answer the questions.

CINCO VECES

Un padre y un hijo van por el campo conversando. Detrás de ellos van dos hombres haciendo sus comentarios, y uno dice al otro:
—Ese hombre tiene cinco veces la edad de su hijo y entre los dos suman 54 años.
—Pero, hombre, no seas complicado. Dime al menos la edad que tiene uno de los dos.
—Con lo que te he dicho lo puedes sacar, ¿no? La cosa es fácil.
¿Hay algún mini–lector que se anime a decirnos qué edad tiene el padre y qué edad tiene el hijo?
Sortearemos un libro entre todos los acertantes que envíen la solución antes del día 14. ¡No olvidéis las señas en la misma hoja!

---

a How many people in all are walking through the country?
b How much older is the father than the son?
c What does one of the men want to know?
d What are the readers of this article asked to do?
e Who will receive a book as a prize?
f What must those who write in not forget to do?

Information

DIRECCION COMERCIAL VIAJEROS

—

VENTAS VIAJEROS

DESDE EL 15 DE ENERO

INFORMACION CLIENTES

Ahora coches para no fumadores en todos los trenes Talgo

Desde ahora le ofrecemos un nuevo servicio.
Coches independientes para no fumadores
y fumadores, en todos los trenes Talgo.

Lo que usted esperaba. Ya podrá reservar
—hasta con dos meses de antelación—la plaza
que más le convenga. Seguimos siempre
mejorando. Los Talgo de Renfe le ofrecen
en cada viaje los mejores servicios: confort,
rapidez, aire acondicionado, restauración,
música ambiental y megafonía.

Seguimos pensando siempre en su comodidad,
en ofrecerle cada día un ferrocarril mejor.

a What is the new development?
b When does it start?
c How far in advance can reservations be made?
d What are five of the services already offered?

Booking for a campsite

The following extracts come from a campsite booking form. Read them through, then answer the questions.

1 Le aconsejamos la reserva durante julio y agosto. Hay un cargo de reserva de 250 ptas. por tienda o caravana reservada. Este cargo no será descontado de su factura. No remita dinero antes de la confirmación de la reserva.

   a What advice is given in the first sentence?
   b What is it that costs 250 ptas. and what additional information is given about it?
   c What are applicants told they should not do?

2 Recomendamos a los clientes que deseen emprender viaje a primeras horas del día, soliciten el día anterior la factura a Recepción.
   a Which campers does this apply to?
   b What are they asked to do?

Letter to the mayor

As in this country, Spanish mayors get many letters asking them to take action to put right all sorts of things. Read this one, then write down as much as you can about:

a the writer
b the problem
c what the writer wants done about it

Soy una niña de nueve años que cada día, para ir a la escuela, tengo que atravesar la calle de Colón, pero el verde del semáforo nunca me da tiempo y siempre tengo que correr para que no me pillen los coches. ¿No podrían hacer un poco más largo el verde para los peatones?

Si tenéis invitados . . .

Read this short magazine article, then answer the questions.

Crema pastelera

Si tenéis invitados en casa, no dejéis de hacerles un postre que les va a gustar y con el que vais a quedar muy bien: crema pastelera. Seguidamente os indico lo que necesitáis y la forma de hacerla.

Ingredientes: 1½ litros de leche, 2 huevos, 75 gramos de harina, 150 gramos de azúcar, un poquito de canela en rama y 2 cortezas de limón.

Modo de hacerlo: En una cacerola se echa el azúcar y los huevos, mezclados estos ingredientes se agrega la harina, seguidamente se incorpora la leche hervida con la canela y el limón, se pone la cacerola al fogón moviendo con batidor, a fin de formar una crema fina, se deja hervir un par de minutos y se retira. Se pone en el frigorífico para servirla fría.

a At which part of the meal will this dish be served?
b Write down as many of the ingredients as you can.
c What will it be cooked in?
d What are you told to do for two minutes?
e What is the last thing you are told to do before serving?

Hotel regulations

As in this country, many Spanish hotels provide guests with an information sheet on arrival. This one comes from a hotel in Ibiza.

> El Director y personal de este Hotel le da la más cordial bienvenida, deseándole una agradable y feliz estancia entre nosotros.
>
> ### Restaurante
>
> Desayuno: de 8 a 10
>
> | | |
> |---|---|
> | 1.er Turno | 2.° Turno |
>
> 1.er Turno   2.° Turno
> Almuerzo de 12'45 a 13'45   de 14 a 15
> Cena   de 19'45 a 20'45   de 21 a 22
>
> *Joyas – Valores:* La Dirección del Hotel no se hace responsable del dinero, joyas, valores y otros objetos de valor dejados en las habitaciones. En la Recepción funciona un servicio de Depósitos desde las 8 hasta las 24 horas.
>
> *Llegada – Salida:* El día de llegada la habitación estará a su disposición a partir de las 14 horas. El día de salida la habitación deberá ser puesta a disposición del Hotel a las 12 horas. Por favor deje la llave en Recepción el día de su salida. Se le ruega notifique a Recepción su salida el día anterior. Por consideración a los otros clientes se le ruega no utilizar la piscina desde las 21 horas, así como producir ruidos innecesarios durante la noche.
>
> Le rogamos amablemente se abstenga de utilizar la ropa de la habitación fuera de la misma así como encarecemos el buen uso de los muebles y accesorios del Hotel y habitaciones ya que de lo contrario la Dirección se verá obligada a cargar en su cuenta los desperfectos ocasionados en los mismos.

a   What is the purpose of the first sentence?
b   The first sitting for lunch ends at:
     A   la una menos cuarto
     B   la una y cuarto
     C   las dos menos cuarto
     D   las dos
c   What begins at 9 p.m.?
d   In the section about valuables, which two valuables are specifically mentioned?
e   From what time is your room available on your day of arrival?
f   As well as leaving your room by 12 noon, what are you asked to do on the day you leave?
g   What advance notice of departure are you asked to give?
h   What are you asked not to do after 9 p.m.?
i   Why?
j   What is one request contained in the last paragraph?

Delitos contra la propiedad

This is part of a newspaper report about a gang of thieves, arrested by the police, who admit to a series of robberies. List the four places involved, and write down three of the items stolen from each of them.

Han confesado haber realizado los siguientes robos

En una farmacia de la Calle Moratín, se llevaron una máquina de escribir, una calculadora, ropa y dinero por valor de 30.000 pesetas. Se han recuperado todos los objetos.

Pantalones, camisas, corbatas y otras prendas, de una tienda de confecciones de la Avda. José Antonio, valorados en 21.000 pesetas. Recuperado parte del botín.

En un bar de la Plaza del Caudillo, dos máquinas de afeitar, una bolsa de deporte, un reloj y bebidas.

Del interior de un automóvil, un secador de pelo, un encendedor y una cartera escolar.

Camping «Las Arenas»

A friend is considering a camping holiday in Spain and has been sent this leaflet. As he does not understand Spanish, write down three important points about each of the following:

a the position of the campsite
b the campsite's facilities
c arrangements for opening

CAMPING «LAS ARENAS»

Emplazado en lugar tranquilo y con mucha sombra: pinos, olivos y palmeras hasta la fina arena de su playa privada, situada a cien metros. Camping cerrado y vigilado de día y noche, perfectamente iluminado y con tomas de corriente en todas sus plazas.

Seis bloques sanitarios, todos con agua potable. Duchas, lavaderos para vajillas y ropas, mesas para planchar. Lavadero de coches. Distribución de hielo diariamente.

El camping está abierto todo el año, pero en los meses de octubre a abril, solamente recepción y sanitarios, con agua caliente gratis y con un descuento del 20%.

Diet

A friend has just returned from holiday in Spain. She has brought back this diet and wants to know the following:

a At breakfast what would she eat if she wanted to take in no more than 110 calories?
b Apart from milk and coffee, what drink is listed in the breakfast section?
c At lunch what alternative is offered to green vegetables?
d How much bread could she eat at lunch?
e What could she have at dinner that would be 400 calories?
f Of what could she have eight or nine tablespoonfuls during one day?

Dieta de 3.000 calorías

Desayuno (500–600 cal.)
1 vaso grande de leche
teñida con café: 170 cal.
Un bollo de pan: 110 cal.
1 pastilla de mantequilla
de hotel: 160 cal.
1 onza de chocolate: 75 cal.
2 terrones de azúcar: 60 cal.
2 tostadas: 160 cal.
50 g. de embutido: 225 cal.
1 botellín de cerveza: 125 cal.
Leche teñida con café: 85 cal.

Comida (1.700 cal. aprox.)
Arroz guisado o paella,
pastas o potajes de
legumbres: 600 cal.
Verdura o ensalada con
aceite: 200 cal.

Carne frita o empanada: 475 cal.
Una fruta grande y $\frac{1}{4}$ de
l. de vino o un refresco: 190 cal.
Pan, tanto como
quieras.

Cena (cerca de 1.000 cal.)
Crema o sopa espesa: 250 cal.
Verdura rehogada con
aceite o mantequilla: 110 cal.
Tortilla de dos huevos
o pescado frito: 400 cal.
1 bollo de pan: 110 cal.
Una fruta grande: 65 cal.
La cantidad total de aceite diario
son 8 o 9 cucharadas.

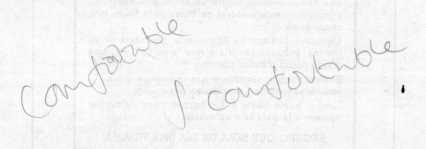

Day out on a donkey

Read this tourist leaflet about the delights of a 'Donkey Safari' then answer the questions.

EXCURSIÓN

BURRO SAFARI

COÍN

Viaje en burro al valle más bello de la Costa del Sol, rodeado de naranjos, limones, pinos y almendros.

Usted disfrutará de un maravilloso día en el campo, conduciendo burros por parajes exóticos y tendrá la posibilidad de obtener el "PERMISO DE CONDUCIR BURROS" tan necesario cara al futuro, debido a la escasez del petróleo, que a todos nos afecta.

Si viene con nosotros, le recogeremos en su hotel y le llevaremos en autocar a la Sierra de Coín, donde se halla situada la parada y recepción.

Una vez allí, usted tendrá un abundante desayuno y posteriormente montará en burro para hacer este apasionante safari.

Llegado a la finca La Albuquería, disfrutará de su piscina, bebidas, sangría y vino "a go-go", y juegos donde podrá obtener premios.

Posteriormente almorzará una suculenta paella y ensaladas variadas, amenizada con música.

Luego, nuevamente a los burros, para volver de regreso a la parada y autocares.

¡SEGURO QUE SERÁ UN DÍA INOLVIDABLE!

a What are three of the trees you will see on the way?
b What will you have the chance to obtain?
c Why, according to the leaflet, will this be useful in the future?
d How will you get from your hotel to the start of the safari?
e What is arranged for you between arriving at the departure point and starting on the safari?
f In addition to drinks, what two attractions await you on arrival at the *finca La Albuquería*?
g When you have sampled these attractions, what is arranged for you before you set out on the return journey?

Help!

A friend has received a letter from Spain and as she doesn't understand Spanish has asked you to help. This is an extract from it:

> Querida Sharon,
>   Muchas gracias por tu carta
> y por las molestias que te has tomado
> para arreglar el intercambio de
> Ana. Hasta el momento todo va
> estupendamente y Ana está
> entusiasmada con la idea de que
> venga Lisa y luego poder regresar a
> Inglaterra con ella. Tan sólo ayer Lisa
> ha escrito y ha enviado una foto

a With what event is the letter concerned?
b Write down as many details as you can.

News items

Read the following brief news items and then answer the questions.

1

> Carmina y Belén Ordóñez, hijas del célebre matador de toros Antonio Ordóñez, han vendido sus ganaderías. Carmina está separada del torero Francisco Rivera «Paquirri», de quien tiene dos hijos y, según se dice, espera contraer nuevo matrimonio con Antonio Arribas. Belén Ordóñez está también separada de su marido, el torero Beca Belmonte.

a Who are Carmina and Belén Ordóñez?
b How many children does Carmina have?
c What does Belén's husband do?

2

> La norteamericana Evelyn Wilson recobró la memoria después de sufrir amnesia durante ocho años. La señora Wilson, de Boston (Estados Unidos), perdió por completo la memoria al sufrir un fuerte golpe en la cabeza; desapareció de su casa y durante todo este tiempo vivió como una mendiga en el barrio francés de Nueva Orleáns. Los vecinos la conocían como Dirty Sally y le daban las sobras de sus comidas. Al recuperar la memoria, Evelyn recordó su casa y su familia. Tras ser examinada en un hospital de Boston la señora Wilson regresó a su hogar donde fue recibida por su esposo Frederick y por sus hijos Polly, de diecinueve años y Craig, de treinta.

a What nationality is Evelyn Wilson?
b For how long had she suffered from loss of memory?
c What made her lose her memory in the first place?
d Where did she live during her loss of memory?
e What did her neighbours give her?
f When she recovered her memory what happened to Evelyn before she returned home?

3

> Todos los presos de la cárcel de la localidad de Pavuna, en Río de Janeiro (Brasil), se fugaron dejando a un único recluso paralítico en la prisión. Al ser éste interrogado sobre la fuga de sus compañeros, protestó enérgicamente porque le habían abandonado. Los presos escaparon por el techo del edificio utilizando cuerdas hechas con ropas.

a   How many convicts escaped from Pavuna prison?
b   Through which part of the building did they escape?
c   What was used to help the escape?

La nacionalidad española

You read the following letter and the editor's reply in the 'agony' column of a Spanish magazine. Look at them and then answer the questions.

> *Me voy a casar con un galés y nuestra idea es quedarnos a vivir en España y tal como están las cosas, hemos pensado que lo mejor sería que él consiguiera la nacionalidad española. Una vez casados, ¿qué debemos hacer? ¿Estamos obligados a casarnos en España?*
> María (Soria)
>
> El extranjero que contrae matrimonio con una española puede obtener la nacionalidad española si expresamente opta por ella. En tu caso lo mejor sería que os casarais en España y una vez celebrado el matrimonio solicitar información en el Registro Civil. Allí os indicarán la documentación que deberéis presentar.

a   Who is María going to marry?
b   Where will the couple live?
c   What have they decided will be best?
d   What does María ask if she is obliged to do?
e   How does a foreigner who marries a Spaniard obtain Spanish nationality?
f   What two things does the editor advise the couple to do?

Chistes

A Spanish friend sends you a magazine which is published for young people in Spain. On reading it you come across the following jokes:

1 En la cena que da un millonario, el mayordomo le dice que aún quedan dos sillas vacías. A lo que responde el millonario:
– Serán de dos invitados de poca importancia.
Al poco rato el mayordomo anuncia:
– Los dos invitados de poca importancia que faltaban.

   a   What does the butler tell the millionaire?
   b   Later, what embarrassing announcement does the butler make?

2 Se está jugando un partido de fútbol entre los elefantes y los insectos. Al terminar el primer tiempo, los elefantes vencen por 60–0, y el entrenador de los insectos decide hacer un cambio con vistas a la segunda parte y saca el ciempiés. Cuando el partido llega a su fin vencen los insectos por 100–60. Los periodistas corren al entrenador de los insectos y le preguntan:
– ¿Por qué no sacó antes el ciempiés?
– ¡Oh! Vd. no sabe lo que tarda en atarse las botas.

   a   What were the elephants and insects doing?
   b   What did the trainer do at the end of the first half?
   c   What was the centipede's problem?

¿Heroísmo?

El dueño de una peluquería se lanza a una casa en llamas y consigue retirar a un vecino ya desvanecido que corría el riesgo de perecer quemado. Se le felicita por su valiente decisión y él explica:
– Los negocios son duros. No podía perder a un cliente.

   a   What was the rescuer's profession?
   b   Who did he rescue?
   c   From what kind of danger?
   d   How did he explain his action?

An unfortunate hiding-place

Dos muchachos de trece y quince años fueron rescatados ateridos de frío del interior de las cámaras frigoríficas de una carnicería, en la que, al parecer, habían entrado con intención de robar.

Al advertir la llegada de la policía, alertada por los vecinos, los muchachos decidieron ocultarse en las cámaras, donde fueron hallados tras un registro del local. Tenían navajas y destornilladores, que habían utilizado para forzar la entrada.

a How old were the boys?
b Which building had they entered?
c Why?
d Who called the police?
e Where, exactly, were the boys found?
f What was one of the things they had with them?
g What had these been used for?

Never trust a stranger

Cuatro niños, todos de doce o trece años de edad, tuvieron que ir al hospital después de comer unos caramelos con droga que les ofrecieron dos hombres. Los niños fueron engañados a la salida del colegio por los hombres que, según la descripción del dueño de una tienda enfrente del colegio, llevaban barba y gafas de sol. Les dijeron que estaban haciendo propaganda de unas nuevas pastillas que hacen reír y se las ofrecieron a los chicos que, confiados, se las tomaron.

a How old were the children?
b What did the men offer them?
c Where did this happen?
d Who provided a description of the men?
e What was the description?
f In order to get the children to accept, what did the men tell them?

Crisis Ahora

Your Spanish teacher receives the following letter from Spain. He gives you a copy. Read it carefully, then answer the questions which follow.

CRISIS AHORA

MADRID
TEL. 401 0643

Estimado Profesor:

AYUDAR A UN NIÑO PUEDE AYUDARLE A VD. A ENSEÑAR ESPAÑOL

Un artículo importante apareció en la revista "Noticias Mensuales" el 14 de noviembre de 1985. En él se explica cómo los españoles colaboran en la educación y dan la ayuda necesaria para el desarrollo de algunos de los niños más pobres de América Latina.

Esperamos que este artículo sea de interés para Vd. y para sus alumnos. Actualmente es posible que una clase o un grupo de personas 'adopten' a un niño por medio de nuestra Asociación hermana en España. Así, Vd. proporcionará una educación básica a un niño, podrá seguir el progreso del niño adoptado y su ayuda dará un sentido real al interés que sus estudiantes tienen por el idioma español.

Le rogamos que escriba a:

> Sr. Gonzalo Alvarez
> CRISIS AHORA
> Calle del Museo
> Madrid-28010
> España

Le saludamos, con nuestros mejores deseos.

Gonzalo Alvarez

Presidente

a What happened on 14th November 1985?
b Whose education are some Spaniards supporting?
c Who can 'adopt' a child?
d If you adopt a child, how will he or she benefit?
e What will you get out of it?
f What should you do if you are interested?

¿Un banquero distraído?

En el departamento de objetos perdidos del Ayuntamiento de Valencia ya
no queda un hueco libre. Sus estantes están llenos de paraguas, maletas,
zapatos y hasta dentaduras postizas, que aguardan la aparición de sus
respectivos dueños. Sin embargo, los encargados de esa oficina tendrán
que recibir a un nuevo «huérfano»: una caja fuerte de acero, de un metro
de altura, que alguien olvidó hace siete meses en una esquina en pleno
centro de la ciudad. Nadie sabe de quién es ni qué contiene.

a What is the first thing we are told about the Valencia lost property
   office?
b Name three of the items mentioned as being there.
c What is the new item of lost property that will be arriving there?
d When was it found?
e Where exactly in the city was it found?
f What are we told about its contents?

Un crimen

El hecho ocurrió de madrugada en el bar «Colón», sito en la Calle de
Carniceros. Dos individuos, el primero de pelo rubio, vestido de una
camisa azul y armado con una escopeta de cañones recortados, y el otro
con una navaja de grandes dimensiones, penetraron en el
establecimiento y amenazaron a camareras y clientes. El que portaba la
navaja saltó tras el mostrador y se apoderó de la caja de la recaudación.
En este momento salió de una habitación reservada el dueño del bar, al
que el portador del arma disparó, alcanzándole en la pierna. Los
delincuentes huyeron inmediatamente, dejando abandonada la caja con el
dinero, con un tercer individuo que les esperaba al volante de un Seat
rojo.

a At what time of day did the crime take place?
b Give two details about the first criminal.
c How was the second criminal armed?
d Who was in the bar at the time of the crime?
e What did one of the criminals do to get the contents of the till?
f Who arrived while the robbery was in progress?
g Where was he wounded?
h What did the criminals take away with them?
i How did they make their getaway?

Life with father

Read this extract from a letter, written by a Spanish girl to an English
friend, then answer the questions.

Ayer, 28 de diciembre, fue el día de los
Santos Inocentes, el día en que los
españoles se gastan bromas los unos a los
otros: creo que vosotros tenéis algo parecido
el primero de abril ¿no? Bueno, pues unos
amigos me invitaron a una fiesta en un
bar que está muy de moda. Lo estaba
pasando tan bien que no me di cuenta de
lo tarde que era y cuando llegué a casa a
las once y media, mi padre estaba furioso
y me ha castigado a quedarme en casa
sin salir por las tardes durante una semana.
¡Qué rabia! Mis amigos están preparando
una gran fiesta para la nochevieja y si
no consigo que mi padre levante el castigo,
tendré que quedarme en casa con ellos
viendo la tele. ¡Qué aburrido!

a   What Spanish custom is associated with December 28th?
b   What are we told about the bar the girl went to?
c   Why didn't she realise how late it was getting?
d   What punishment did her father impose?
e   What is happening, and when, that makes her particularly anxious to
    get this punishment lifted?
f   What is her opinion of staying at home watching T.V. with her parents?

El Panda Montaña

Read this article about a new car, then answer the questions.

Este es un ensayo de pequeña serie, a ver qué pasa. Luego puede suceder que su éxito sea mayor del esperado y seguramente se tenga que ampliar la serie según demanda. Por el momento, se han previsto 2.000 unidades únicamente. Va dirigido más que nada a la juventud para su utilización en todo terreno, para quienes quieran adoptar una conducción rallística, pero también para quienes buscan un pequeño y práctico automóvil que pueda moverse en el campo y en la montaña sin muchas dificultades. Se le identifica fácilmente por las protecciones en tubo de acero de los faros, con rejilla salvafaro para evitar daños de proyecciones de piedras. En cuanto a los neumáticos, son del tipo especial para todo-terreno y nieve, Michelín «invierno», preparados para poder montar en ellos clavos sobre los tacos de goma.

El color adoptado en el Panda Montaña es el rojo vivo, distinguiéndose además el coche por su portaequipajes de techo, realizada en plástico y de diseño aerodinámico. El precio del coche franco fábrica es de 360.000 pesetas.

a How many cars are initially being produced?

b What reason is given for this?

c Who are two of the groups of people it is aimed at and what special features are quoted as making it likely to appeal to each of them?

d Which part of the car is protected with a grille?

e What are two of the things we are told about the tyres?

f What colour is the car?

g Which part of the car is said to be 'made of plastic and aerodynamically designed'?

h We are told it costs 360.000 pesetas:

    A   including tax

    B   without tax

    C   ex-factory

    D   in the showroom

Consejos prácticos para el uso del teléfono

ANTES DE MARCAR

LO QUE **DEBE** HACER

CONSULTAR LA GUIA

Si no conoce con exactitud el número con el que desea comunicar.

DESCOLGAR Y ESPERAR TONO

Percibirá una señal acústica continua y uniforme.

LO QUE **NO** DEBE HACER

CONFIAR EN SU MEMORIA

Una llamada equivocada hace perder el tiempo a usted y a quien la recibe.

GOLPEAR EL SOPORTE

Cada vez que lo hace puede demorar la llegada del «tono para marcar».

PARA MARCAR

LO QUE **DEBE** HACER

NO DEMORAR EL MARCAR

Recibido «el tono», marque cada una de las cifras girando el disco hacia la derecha hasta que su dedo índice llegue al tope.

ESPERAR CONTESTACION

Recibirá señal de llamada (zumbido largo interrumpido que se repite con regularidad).

COLGAR SI DA OCUPADO

(Zumbido corto interrumpido que se repite con regularidad). Esperar unos minutos antes de repetir la llamada.

LO QUE **NO** DEBE HACER

FORZAR EL RETROCESO DEL DISCO

Obtendría un número cambiado.

COLGAR SIN ESPERAR UN TIEMPO PRUDENCIAL

Piense que su interlocutor puede tener que desplazarse desde un lugar alejado del teléfono.

MARCAR INMEDIATAMENTE

Después de recibir la señal de «ocupado» es improcedente. Posiblemente vuelva a recibir la misma señal, por lo que su llamada resultará infructuosa.

PARA HABLAR

LO QUE **DEBE** HACER

RESPONDER INMEDIATAMENTE

Ahorrará tiempo al que llama y le causará una favorable impresión.

AL TERMINAR, COLGAR

Así deja su teléfono y el de su interlocutor disponibles para recibir otras posibles llamadas.

LO QUE **NO** DEBE HACER

DEMORAR LA CONTESTACION

Puede ser urgente y, además, hará perder un tiempo que puede ser importante.

DEJAR DESCOLGADO

Bloquearía su teléfono.

a What is one thing you are told to do before dialling?
b . . . and one thing you must not do before dialling?

c You have now dialled and are waiting for a reply. What sound will you hear if the number is not engaged?

d What are two things you are told to do if the number you want is engaged?

e What is the second of the three things you are told not to do when dialling?

f What are the two things you are told not to do in the *Para hablar* section?

Problem page

¡Hola Isabel! Soy una chica de 17 años y te escribo porque tengo un grave problema. Salgo con un chico desde hace dos años y hasta hace poco no habíamos tenido ningún problema, pero ahora me doy cuenta de que su presencia me irrita y siempre estamos discutiendo por tonterías. Cuando estoy con él, no quiero ni verle, pero cuando está lejos no hago más que pensar en él. ¿Qué debo hacer?
Mercedes

Estoy segura que tú misma conoces la respuesta a tu pregunta. Para ti tu novio no es más que una rutina, no encuentras en él nada de lo fascinante que te llevó a quererle. Mi consejo es que tratéis los dos de hacer cosas nuevas que rompan la rutina de lo cotidiano o que dejéis de veros durante una temporada, con el fin de saber si de verdad os queréis o ya no hay amor. Habla con tu novio con franqueza: puede que a él le esté ocurriendo lo mismo y entre los dos halléis la solución al problema.

a How long has Mercedes been going out with her boyfriend?

b What are two things she says about their relationship when they are together?

c What happens when he is away?

d In the first sentence of her reply, what does Isabel say she is sure of?

e What are the two possible solutions she suggests to Mercedes?

f Who else does she suggest Mercedes discusses the problem with?

Horóscopo

ARIES 21 de marzo al 20 de abril
Muy buena semana en todos los aspectos. Escriba a una amiga
que le puede prestar mucha ayuda en un proyecto que tiene en
mente. En la salud no hay problemas, a excepción del viernes,
que deberá cuidar su dieta.

TAURO 21 de abril al 20 de mayo
Durante estos días, el sector más activado será el de los
hermanos, los primos, los vecinos y los compañeros de trabajo.
Semana muy propicia para emprender un largo viaje. Cuídese
mucho de los cambios bruscos de temperatura.

GEMINIS 21 de mayo al 21 de junio
Esta semana puede surgir la tristeza o la depresión como
consecuencia de algún contratiempo o disgusto relacionado con
la vida familiar. Ponga en orden su correspondencia, la tiene
abandonada. La garganta puede molestarle bastante en estos
días.

CANCER 22 de junio al 22 de julio
Será un período de tiempo favorable a sus proyectos. Suerte:
confíe en ella. Los compañeros desearán colaborar más en sus
planes. El peor día de la semana será el domingo.

LEO 23 de julio al 22 de agosto
Es buen momento para hacer la vida más feliz a las personas que
le rodean. No se deje llevar por los impulsos y evitará nuevos
problemas al corazón. Su naturaleza necesita más horas de
sueño. Concédaselas.

VIRGO 23 de agosto al 22 de septiembre
Ha hecho muy mal al abandonar a un amigo, que ha demostrado
que lo es, por hacer caso de lo que un tercero, que también se
llama «amigo», le ha dicho. Trate de rectificar, aunque su
posición es muy difícil. Mejor día: martes.

LIBRA 23 de septiembre al 22 de octubre
Semana interesante y con bastante suerte en todos los aspectos.
Es buen período de tiempo para pasar de la amistad al amor.
Salud: buena, si mantiene la mente libre de algunos problemas y
preocupaciones.

ESCORPION 23 de octubre al 21 de noviembre
Los compañeros se mostrarán más difíciles en el trato. Suerte: no
espere mucho de ella, especialmente durante el lunes. Las cosas
marcharán más a su favor durante el sábado.

SAGITARIO 22 de noviembre al 20 de diciembre
Es mal momento para confiar en las promesas hechas por otras
personas. Los hermanos necesitarán una atención especial por
su parte. Procure cuidarse más.

CAPRICORNIO 21 de diciembre al 19 de enero
Ayude a un amigo que se encuentra en mal momento. Los viajes se harán más necesarios a las relaciones familiares. Salud: buena en general.

ACUARIO 20 de enero al 18 de febrero
Todo lo relacionado con el matrimonio y la vida amorosa estará muy activado esta semana, aunque no siempre para bien. No se deje influenciar por nadie. Cuidado con la salud el jueves.

PISCIS 19 de febrero al 20 de marzo
Los asuntos financieros requerirán ahora una atención especial por su parte. Los padres se mostrarán más difíciles en el trato. Salud: normal, si se interesa más por la alimentación y el descanso.

1 Under which sign of the zodiac are you warned:
   a ... that Sunday will be your worst day?
   b ... to watch what you eat on Friday?
   c ... of problems with workmates?
   d ... of problems with parents?
   e ... not to let yourself be influenced by anyone?
   f ... of possible trouble with your throat?

2 Which sign:
   a ... tells you to help a friend in need?
   b ... suggests you take a long trip?
   c ... points to Tuesday as your best day?
   d ... says this is the moment to move from friendship to love?
   e ... tells you not to trust in others' promises?
   f ... says this is the time to make life happier for those around you?

3 What does your own horoscope predict? Write down, in English, as much of it as you can.

Magazine

A new fashion magazine is launched in Spain while you are on holiday there. You decide to buy a copy to see what it is like and find on the first page a letter from the editor introducing the magazine.

Querida lectora,

Una revista como MODA HOY no es sólo la más avanzada, no sólo lleva actualidad, no sólo informa mejor que ninguna otra, no sólo enseña a pasarlo bien y despreocuparse. ¡Eso no bastaría! Esta revista es la mejor revista femenina de España, y lo es fundamentalmente por su utilidad.

Hemos pensado que ya tienes tu ropa para las vacaciones, tienes tu maleta y tu billete, pero siempre falta un pequeño detalle . . . los accesorios. Aquí los tienes (págs. 24–29), esos zapatos que van con todo, el cinturón o el sombrero que dan estilo. ¡Lo último para las últimas compras!

Se lee en las páginas 8–18 un artículo sobre la cocina del verano. Es éste un artículo muy útil porque aunque la cocina del verano debe ser rápida y práctica, no por eso ha de ser menos exquisita y sabrosa.

Muchas de vosotras nos habéis pedido ¡casi suplicado! por carta a los periodistas, una dieta al revés, un régimen no para adelgazar sino para engordar, y como para nosotros vuestros deseos son un placer y un deber, y además nos hacemos cargo de los malos ratos que os produce vuestra flacura, ahí va en las páginas 31 y 32 el «Unos kilos de más».

Estos días son días festivos, días de San Fermín . . . en Pamplona, todo el mundo estará feliz. Pero, para las que prefieran viajar a Pamplona en fechas más tranquilas, ofrecemos un guía de compras, informaciones sobre tiendas, restaurantes etc.

Esperamos que te guste este primer número y que nos volvamos a encontrar dentro de quince días.

María Díez

a What, according to the first sentence, are four of the things that *Moda Hoy* has to recommend it?
b Which accessories does the magazine describe on pages 24–29?
c What does the article on pages 8–18 say about summer cooking?
d What have many people asked for?
e For whom is the magazine providing a guide to Pamplona?
f How often will the magazine be published?

La llegada

A las 18,43 del martes II de agosto de 1966, un «Caravelle» se posaba en las pistas de Barajas procedente de Niza. Desde mucho tiempo antes, un centenar de muchachas y muchachos – entre trece y diecinueve años – se había colocado en las terrazas del aeropuerto. La puerta delantera del «Caravelle» se abrió y segundos después aparecían Los Beatles.

John Lennon fue el primero en salir. Llevaba una bolsa de viaje en la mano derecha y unas gafas verdes; vestía jersey negro y pantalones blancos. Cubría sus rizos con una gorrita a cuadros.

Antes de abandonar Barajas, los aduaneros dieron paso a las veinticinco maletas que componían el equipaje de Los Beatles. Éstos tenían dos horas y media para descansar antes de la rueda de prensa que se celebraría en el hotel. La primera pregunta hacía referencia a si tenían asegurada la cabellera . . .

Tras veinticuatro horas de descanso, salieron para la plaza de toros de las Ventas, y a las 9,15 de la tarde del miércoles, todo estaba dispuesto para levantar el telón del escenario que se improvisó en el ruedo madrileño.

a The Caravelle landed . . .
    A a las seis y veintitrés
    B a las seis menos diecisiete
    C a las siete y trece
    D a las siete menos diecisiete

b It had come from . . .
    A England
    B France
    C Germany
    D Italy

c What are we told about the people awaiting the aircraft's arrival?
d From which part of the plane did the passengers emerge?
e What was John Lennon carrying?
f As well as a black sweater and white trousers, what two things are we told he was wearing?
g What happened before the Beatles left the airport?
h What event took place in their hotel?
i What was the first thing they were asked?
j What are we told they did before their concert?
k Exactly where, and in which city, did the concert take place?

El tiempo

Read the following weather forecast, then answer the questions.

EL TIEMPO

Información general. Tiempo predominante seco y soleado. Las temperaturas, con tendencia a subir. Vientos flojos y muy variables.

Pronóstico para mañana. Sobre la Península soplarán vientos del suroeste. Con esta situación debe esperarse mañana mal tiempo, cubierto y con lluvais en las costas cantábrica y atlántica, siendo las precipitaciones más copiosas en la región gallega. Temperaturas sin grandes cambios.

Ayer. Brumas y neblinas matinales en todo el territorio catalán. En las demás regiones el cielo permaneció despejado. Heladas nocturnas en la Mancha.

1 In the general information section:
  a   What are the two predominant characteristics of the weather?
  b   What are we told about temperatures?
  c   What are we told about winds?

2 In tomorrow's forecast:
  a   What direction will the wind be from?
  b   Where will there be most rain?
  c   What are we told about temperatures?

3 In the information about yesterday:
  a   What do we learn about the weather in Cataluña?
  b   What do we learn about the weather in La Mancha?
  c   What are we told about other regions?

Assassination attempt

Bilbao, 18. El director del Banco de España, José Martínez Franco, fue ametrallado cuando llegaba al banco sobre las diez de la mañana. Los empleados del banco que llegaron en su auxilio lo encontraron por el suelo. Tenía en una mano su chaqueta y en la otra las llaves del coche. Sangraba por la boca, cara y piernas. Les dijo Franco «Por favor, ayudadme. Llamad a un cura».

Según unos testigos, los agresores eran un joven y una chica. Los dos tenían unos veinticinco años, eran morenos, la chica llevaba el pelo largo, y vestía pantalón y una blusa amarilla con rayas.

La impresión que se tiene es que a José Franco le salvó su reloj de pulsera, contra el cual se estrellaron dos impactos que probablemente le hubieron alcanzado en el corazón.

a When did the assassination attempt take place?
b Where did the people who came to help Franco find him?
c What did he have in his hands?
d Where was he wounded?
e Who did he ask the bank employees to fetch?
f Write as full a description as you can of the girl attacker.
g What seems to have saved Franco's life?

Fire!

Torrevieja, 9, madrugada. Un incendio de considerables proporciones se ha declarado en la discoteca «Princesa», del hotel del mismo nombre, hacia la medianoche.

El fuego se propagó despacio, gracias a lo cual pudieron abandonar la sala las cien personas que se encontraron dentro.

Aunque existió en unos momentos el peligro de que las llamas se extendieran a un edificio de cinco plantas, de madrugada fue completamente dominado por los bomberos llegados al lugar del suceso.

a When did the fire break out?
b How many people were in the room at the time?
c Why were they able to escape?
d What else was also in danger for a time?
e When was the fire finally put out?

Problem for the police

Policía herido por arma de fuego

Badajoz, 10. El suceso tuvo lugar en la noche del viernes, frente al estanco de la calle Villanueva. Minutos antes se había recibido en el 091 una llamada de un vecino, dando cuenta de un incidente que, por motivos del tráfico, estaba teniendo lugar en la calle, entre dos conductores. Al parecer, uno de éstos impedía con su automóvil la salida de otro vehículo.

Enviado un coche patrulla, cuando el agente se dirigía hacia el hombre que obstaculizaba el paso, fue abatido de un disparo efectuado contra él. Un segundo policía realizó varios disparos intimidadores al aire, pero el agresor se escudó en el cuerpo del agente herido amenazando con rematarlo. Sin embargo, después de unos instantes, arrojó la pistola al suelo y fue detenido.

a When did this incident take place?
b Where?
c How did the police know about the incident?
d What was the basic cause of the problem?
e When was the policeman shot?
f What did the second policeman do to try and sort things out?
g What was the aggressor's immediate reaction?
h What did the aggressor do just before he was arrested?

The robot

Aquel robot no se equivocaba nunca. Los ingenieros que lo habían construido decían que su memoria era prodigiosa. Lo sabía todo. Sabía, por ejemplo, que la altura del monte Everest es de ocho mil ochocientos ochenta y ocho metros. Sabía también los huesos del cuerpo humano y el nombre, los apellidos, el domicilio y fecha y lugar de nacimiento de todos los ministros del gobierno.

Lo llevaban a todas las partes del mundo. La gente se quedaba con la boca abierta. No había nadie que pudiera con él. Todos los campeones de ajedrez habían sido derrotados, uno tras otro, por el famoso robot.

Cuando llegó el robot a cierta ciudad, quien más se alegró fue una niña que tenía cierto problema. Había una cola tremenda. La niña pasó horas y horas esperando, hasta que por fin llegó el momento que tanto esperaba. Muy nerviosa, se puso delante de aquel hombre metálico y con una voz muy débil, le preguntó:

– ¿Dónde puedo encontrar el lápiz amarillo y el paquete de caramelos que perdí el jueves pasado en el recreo de mi colegio?

Las luces del robot se encendieron todas a la vez y se pusieron rojas. Empezaron a sonar ruidos extraños, comenzó a salir humo por todas partes y, al fin, las luces se apagaron.

Entonces la niña, muy triste, dijo:

– Este robot no sabe nada.

a   Who made the robot?
b   What, according to the robot, is the height of Mount Everest?
c   What is one other example of its knowledge that is given?
d   Who had been beaten by the robot on its world tour?
e   Why couldn't the girl consult the robot immediately?
f   How was her voice when she put her question to the robot?
g   What did she want to know?
h   What was the first thing that happened to the robot on hearing the girl's question?
i   What was one other thing that happened to it?
j   How was the girl at the end of the story?

Family tragedy

Read the following text, then answer the questions.

Ramón en el fondo no era mal muchacho, pero en muchas ocasiones y sin justificación se ponía muy violento. Tenía obsesión por destrozar las cabinas telefónicas para coger las monedas que había en el cajetín.

Sin embargo Ramón era un buen estudiante y un buen nieto. No tenía ni padre ni madre y adoraba a su abuelo dándole con frecuencia un cartón de tabaco negro, una botella de buen coñac, etc. Naturalmente el chico ocultaba el verdadero origen de estos regalos, ya que el dinero que obtenía por recoger y vender papel en sus ratos libres no daba para tanto.

El abuelo de Ramón era obrero en una fábrica de la población de Mieres. Al terminar su trabajo se reunía con los compañeros en la taberna vecina, jugaba un poco a los naipes y abandonaba el establecimiento con tiempo de preparar la cena para él y el chico que regresaba tarde de la escuela técnica.

Una noche, cuando Ramón llegó a su casa, encontró la luz de la escalera encendida y el portal abierto. También había luz en el interior de su vivienda, y varias personas allí reunidas. Juan, su vecino, le detuvo al entrar. En el dormitorio, en la cama ancha de matrimonio, estaba el cuerpo sin vida del abuelo de Ramón. Unos compañeros de la fábrica le encontraron caído en el interior de la cabina telefónica del cruce de la carretera. El médico certificó un paro cardíaco y dijo que si el teléfono no hubiese estado destrozado quizás hubiese podido salvarse.

a What form did Ramón's anti-social behaviour take?
b What two good points are we told about him?
c What did Ramón do to earn money?
d When did he do this?
e What was Ramón's grandfather's job?
f What did the grandfather do when he got home each evening?
g What were the first two things that Ramón found when he arrived home one evening?
h Who was Juan and what did he do?
i Where was Ramón's grandfather?
j Where, exactly, had he been found?
k What had he died of?
l Why had he been unable to phone for help?

Match of the day

Read this newspaper report of a football match, then answer the questions.

Zaragoza, 28. Terreno de juego duro y desigual. Media entrada, unos diez mil espectadores. Frío: un sol muy pálido después del descanso.

Sin embargo, una buena tarde de fútbol: se han visto buenas jugadas, tanto por los visitantes, el Barcelona, como por los locales. A los veinticinco minutos Ruiz, desde muy cerca y con la izquierda, consigue el uno a cero. Seis minutos más tarde, al intentar sujetar el balón, el portero visitante lo introduce en su propia meta. En la segunda mitad el Barcelona tuvo ocasiones múltiples para conseguir goles, pero sus delanteros fallaron en última instancia y en un contraataque Alonso, de cabeza, marca el definitivo tres a cero.

Arbitró el colegiado madrileño señor González Vázquez. No tuvo problemas en este partido: sacó tres tarjetas amarillas, a Rodríguez del Zaragoza y a Pérez y Manolo del Barcelona. Buena actuación.

a What was the condition of the pitch?
b How full was the stadium?
c What two things do we know about the weather?
d What two things are we told about the way the first goal was scored?
e How long after the beginning of the match was the second goal scored?
f How was it scored?
g How many goals were scored in the second half?
h Where was the referee from?
i In what way was the match memorable for Rodríguez, Pérez and Manolo?

La Costa Brava

Read this extract from a tourist brochure, then answer the questions.

Hacia el norte de Barcelona, y en dirección de la frontera francesa, corre la Costa Brava, nombre que contrasta con su clima suave y templado, incluso en invierno. A partir de Blanes, se suceden las casas blancas de los pescadores, separadas unas de otras por deliciosas playas con arenas finísimas. - Pero hace unos años ya, los pueblos de la región se vieron invadidos por la corriente turística. Sin embargo, el hombre de la costa y su vida no han cambiado y cada pueblo celebra anualmente las fiestas de su Patrón con manifestaciones folklóricas y tradicionales ceremonias.

Las tranquilas aguas son ideales para la práctica de los deportes náuticos, incluida la pesca submarina.

Una amplia y moderna red hotelera cubre las necesidades de alojamiento en toda la Costa Brava. La mayoría de los hoteles se encuentran situados junto al mar, y desde ellos se disfruta de maravillosas vistas de la región.

a What two things are we told about the position of the Costa Brava?
b What is its climate like in winter?
c Who lives in the white houses?
d What is there between these houses?
e According to the writer, what effect has the tourist influx had on the local inhabitants?
f What is the water ideal for?
g Where are most of the hotels to be found?

Pennies from heaven?

Una inesperada lluvia de billetes de mil pesetas cayó ayer sobre unos niños que jugaban al borde de la carretera que atraviesa un pueblo de la provincia de Alicante.

Parece que un vecino de la localidad llevaba sesenta y cinco mil pesetas en el bolsillo de su americana, cuando tuvo que correr para no perder el autobús de línea, que en aquellos momentos emprendía la marcha. El viajero alcanzó la plataforma, pero sin darse cuenta de que, simultáneamente, se iban saliendo de su bolsillo los billetes de mil pesetas que llevaba, yendo a parar a los niños que se encontraban jugando cerca.

Al principio, los padres de los niños pensaron que se trataba de billetes falsos, pero cuando, más tarde, se dieron cuenta de que eran reales, los devolvieron a su dueño, cuando, angustiado, regresó al pueblo preguntando por sus sesenta y cinco mil pesetas.

a What, exactly, descended upon the children?
b What were the children doing?
c Where?
d How much money is involved in this story?
e How was the man carrying the money?
f Why did he have to run?
g Where, exactly, was he when he lost the money?
h Who thought, at first, that the money was counterfeit?
i What finally happened to the money?

Listening

Contents

Suggestions for success: Listening comprehension

1 Look at 'Suggestions for success' (page 2)

Look again at 'Suggestions for success: Reading comprehension' (page 2). Many of the same points apply equally to listening comprehension (getting help from the title, including **all** relevant details in the answer, etc).

2 Listen to the instructions

Listen carefully to the instructions about how many times you will hear each item and when you should write your answer.

3 Try to get the general sense

Remember that it is not necessary to hear or understand every single word in order to grasp what is being said. Try and get the general sense of the Spanish and pick up as many details as you can, but don't worry if you can't catch everything. It will often happen that you will hear an item twice, and more will become clear as the text is repeated.

4 Concentrate on listening

Unless you are specifically told to make notes, it is a mistake to listen and write at the same time. Concentrate on listening to what is being said; if you try and do two things at once, you will find it harder to grasp what you are hearing.

5 Listen for numbers

Listen hard for numbers, which can occur in all sorts of ways (someone's age, times, dates, prices, etc.). You will be used to seeing them written down as figures (46, 200 ptas., 16,30h.) but there is no short cut when saying them:

cuarenta y seis
doscientas pesetas
las cuatro y media de la tarde

6 Make a guess

When in doubt, make an intelligent guess. If you leave a blank space, you will certainly get no marks at all, so even if your guess turns out to be wrong, you are no worse off – and there is always the chance that you may be right, or at least partially right!

Football results

1 How many goals were scored by?
   a Barcelona?
   b Osasuna?
   c Valladolid?
   d Zaragoza?
   e Español?

2 Now listen to the tape again and write down the score in the following matches:
   a Las Palmas v. Real Madrid
   b Valencia v. Betis
   c Atlético de Madrid v. Málaga

A Spanish visitor

You are entertaining a Spanish friend in your home. What is she saying in each of the following eight remarks?

For the first four remarks, answer the questions below.

a What does she like very much?
b What does she want to know about your dog?
c How is she feeling?
d What is she asking about this afternoon?

Now listen to the next four remarks. What is being said?

e
f
g
h

Airport announcements

Listen to these announcements from Madrid's Barajas airport, then answer the questions.

1 a What is the flight number?
   b What is the number of the boarding gate?

2 a Is this announcement about an arrival or a departure?
   b What is the flight number?

3 What is Sr. Pérez Fernández being asked to do?

4 a Where is this flight going to?
   b What are the passengers asked to do?

5 Write down as much as you can of the information given in this announcement.

Staying with a Spanish family

You are staying with a Spanish family. Listen to the following remarks and decide what is being said.

For the first four, answer the questions below:

a What are you being asked to do to help?
b What are you being told about the bathroom?
c What is in the drawer?
d You are asked something about last night. What is it?

Now listen to the next six questions. What are you being asked?

e
f
g
h
i
j

Understanding directions 1

Imagine you are on holiday in Spain. You don't know the town where you are staying so you have to ask for directions to the different places you want to visit. Listen to the following replies and then answer the questions.

1 The 'Central' supermarket
   a What must you do at the end of the street?
   b Which building is next to the supermarket?

2 The Bank of Bilbao
   a Why shouldn't you go by car?
   b What is the better way to travel?

3 The bullring
   a About how long would it take you to walk to the bullring?
   b What costs about 30 pesetas?

4 The 'La Concha' restaurant
   a What's the best way to find out where the restaurant is?

5 The post office
   a Where should you cross the road?
   b When should you cross the road?

6 The railway station
   a What is the first thing you are told to do?
   b After taking the second street on the right, where must you go?
   c Why must you take care?
   d Where, exactly, will you see the station?

Spaniards talking

1 a What sort of films does he prefer?
   b What is the disadvantage of the cinema?

2 a How much money does she get from her parents each week?
   b What two kinds of help are mentioned?
   c What two things does she spend her money on?

3 a What does he prefer to the beach?
   b For what two reasons?
   c Apart from going to the cinema, what was one way in which he and his friends spent the evenings?
   d What was special about the cinema they went to?

Station announcements

When travelling in Spain, you may well need to understand announcements like the following which come from Madrid's Chamartín station.

1 a What sort of train is mentioned here?
   b Where has it come from?
   c At which platform will it arrive?

2 a Where is this train going to?
   b From which platform does it leave?
   c At which stations does it stop?

3 a What type of train is this?
   b What is its arrival time?
   c At which platform?

4 a What is this train called?
   b From which platform does it leave?
   c When does it leave?

5 What is Don José Luis García Soto being asked to do?

Anita Gómez

Anita Gómez runs her own public relations business. Listen to what she has to say about herself and her daily routine, then answer the questions.

Section 1
a How old is Anita?
b How long has she had her own business?
c What time does she get to the office?
d When does she leave for lunch?
e Why does she say she is lucky?

Section 2
f What time does she finish work for the day?
g What are three things she says she likes doing?

Shopping

Imagine you are on a shopping expedition in Spain. You visit different shops to make different purchases. Listen to what is said and then answer the questions.

1 In the baker's shop
   a How much does the bill come to?

2 In a department store
   a Where is the ladies' clothes department?
   b What two ways could you use to get there?
   c Which department is one of these ways near?

3 In a chemist's shop
   a How much did the aspirins cost?
   b What has the chemist run out of?

4 In a bar
   a How many beers are you being charged for?
   b . . . and how many portions of tortilla?
   c How much does it all come to?

5 In a tobacconist's
   a How much does it cost to send a card to England?
   b How many cards are you being charged for?
   c What does the shopkeeper nearly forget to include?
   d What is the total cost?

6 In a restaurant
   a How much does the first course for the two of you come to?
   b What does the waiter say you had to drink?
   c What does the bill come to?

Weather report 1

In Spain, just as in Britain, one of the telephone services provided is a 'Dial a weather forecast'. Listen to this example of what you might hear, then choose the correct answer for each question from the four possibilities given below.

a Temperature values for which time of day are given?
A   9 a.m.
B   10 a.m.
C   11 a.m.
D   11 p.m.

b What is the temperature in Toledo?
A   8°
B   9°
C   11°
D   13°

c What is the temperature in Segovia?
A   8°
B   9°
C   11°
D   13°

d Where are snow showers reported?
A Barajas
B Cuenca
C Over the mountains
D In the east

e The second part of the forecast concerns the weather at what time during the day?
A 11 a.m.
B 12 noon
C 2 p.m.
D 6 p.m.

f Temperatures will . . .
A fall slightly
B rise quickly
C stay the same
D be above average

Personal details

Listen to these Spaniards describing themselves and their lives and then
answer the questions.

1 a How many people are in the family?
   b Who is the youngest child?

2 What two things are there in the garden?

3 a Where is the speaker's house?
   b How many bedrooms does it have?
   c What do they do in one of the lounges?

4 a Where is the speaker's school?
   A nearby
   B very far away
   C quite near
   D quite far away

   b How does she get to school?
   A by car
   B on foot
   C by bicycle
   D by bus

   c At what time in the morning does she begin her journey?
   A at 8.30
   B at 7.30
   C at 7.15
   D at 8.15

   d Why does she have to work hard?
   A the subjects are difficult
   B she doesn't like school
   C the teachers are strict
   D she studies a lot of subjects

   e Which subject does she not like?
   A music
   B mathematics
   C physics
   D foreign languages

   f Which subject does she prefer?
   A geography
   B European studies
   C foreign languages
   D mathematics

5 a How old is the speaker?
   b What does she say about her height?
   c What colour are her eyes?
   d How do other people describe her?

Understanding directions 2

Imagine you have just arrived at your hotel in Spain and you have asked for the following facilities. Listen to the replies and then answer the questions.

1 The toilets
   a Where are the toilets in relation to the reception desk?
   b Where are they in relation to the lift?

2 The telephones
   a In which corridor are the telephones?
   b Which telephone is it best to use?
   c What is one reason given for this?

3 The television room
   a Why can't you watch T.V. in the hotel?
   b If you go to the 'Monterrey', what will you see on T.V.?
   c Where is the 'Monterrey'?

4 The discotheque
   a How, exactly, do you get to the disco?
   b What happens at 10.00 p.m.?

While in Spain you return to the airport to check some details of your return flight. You need to find:

5 The information desk
   a What is next to the information desk?
   b What two things are you told to do?

Later you are looking for:

6 The ticket office
   a What does the speaker first say is above the ticket office?
   b On second thoughts, where does the speaker say that it is?

Announcements

Wherever you are in Spain you may hear public announcements which may be important, useful, interesting, or all three. Listen to these announcements and then answer the questions.

1 In the 'Sumer' supermarket
   a   When is the special offer available?
   b   What do you have to buy in order to get the special offer?
   c   How much will the special offer cost you?

2 Also in the 'Sumer' supermarket
   a   What will happen in five minutes in the supermarket?
   b   Between which hours is the supermarket open in the morning?

3 On television
   a   What sort of programme are you about to see?
   b   When was the last episode screened?
   c   What did the main character find out in that episode?

4 Also on television
   a   Why has a programme been cancelled?
      A   an actors' strike
      B   illness
      C   technical problems
      D   bad weather

   b   What sort of programme would it have been?
      A   sport
      B   children's entertainment
      C   news
      D   travel

   c   What sort of programme is being used to replace it?
      A   a film
      B   popular music
      C   cartoons
      D   comedy

5 In a hotel
   a   Who is the announcement for?
      A   people in the hotel reception area
      B   all the hotel residents
      C   people wanting to visit *Cuevas Blancas*
      D   anyone interested

b What means of transport will be used?
 A bus
 B taxi
 C cars
 D train

c What must they not forget to do?
 A leave by the restaurant door
 B go to eat in the restaurant
 C tell the restaurant they will not be in for lunch
 D collect packed lunches from the restaurant

6 Also in a hotel
 a At what time will the entertainment begin?
 A at 8.45 p.m.
 B at 9.30 p.m.
 C at 9.00 p.m.
 D at 9.15 p.m.

 b What sort of entertainment will it be?
 A just music
 B music and dancing
 C just dancing
 D music and singing

 c How much will it cost hotel residents?
 A nothing
 B 100 pesetas
 C 200 pesetas
 D 250 pesetas

Last Saturday . . .

Listen to this Spaniard's comments about what he did last Saturday, then answer the questions below.

a At what time did the speaker get up?
b What did he do at nine o'clock?
c Where were his friends waiting for him?
d Where were they going to go?
e What did they do on the journey?

Madrid traffic

If you are travelling in Spain by car, you will need up-to-date information about traffic problems. Listen to the following announcements, which are similar to those you will hear on Spanish radio, then answer the questions.

1 a What is said about roads in and out of the Barrio del Pilar?
   b What effect is this having on traffic?

2 a Where is the problem?
   b What is causing it?

3 What is the motorist warned to expect?

4 a What has caused this problem?
   b Whereabouts in the street is it?
   c What are motorists advised to do?

5 a Where is the problem?
   b What has caused it?
   c How long is it expected to last?
   d How can you get further information about the problem?

News items

1 a How many people died?
   b What caused their deaths?
   c When did it happen?

2 a What has risen in the first quarter of this year?
   b By how much?

3 a What sort of operation is mentioned here?
   b In which country did it take place?
   c How old was the patient?

4 a According to the speaker, amongst whom must there be a fairer distribution of wealth?
   b Who was the speaker?
   c How many people were in his audience?
   d Where did the event take place?

5 a What is promised for later news bulletins?
   b What item will close this bulletin?

What to do

Listen to the following instructions and then answer the questions.

1 At customs control
   a If you have just arrived from Paris where must you go?
   b What two things must you do once you are inside?

2 At the airport
   a Where are passengers on flight IB 707 going?
      A London
      B Madrid
      C Rome
      D Lisbon

   b Where must they wait after registering their luggage?
      A the offices
      B terminal number two
      C the aeroplane
      D passport control

3 Before changing pounds into pesetas
   a Where are you advised to go to change pounds into pesetas?
   b Once there, what will you have to do first?
   c Where, exactly, will you have to go to collect the money?

4 Before buying a bus ticket
   a What will you see in the information office?
   b What kind of ticket should you ask for?
   c What should you remember to tell them?

5 Before hiring a car
   a What should you take with you to the car-hire office?
   b What will you have to tell the person in charge?
   c What should you ask about Santander?

Things lost and found

1 You are looking at some postcards at the reception desk in your hotel in Spain when a Spanish lady comes to the desk and explains to one of the receptionists that she has lost something.

    a What has the lady lost?
    b Where, exactly, does she think she lost it?
    c What reason does she give for not describing it in more detail?

2 You are eating at a restaurant in Spain. The telephone rings and you hear the owner confirm that something has been found in the restaurant.

    a What had been lost?
    b Where were they found?
    c What is the restaurant owner going to do?
    d What happens at 1.30 a.m.?

3 You find a purse and hand it in at the nearest police station. What does the police officer say?

    a What is unusual about the purse?
       A its shape
       B it contains nothing with a name on
       C its colour
       D it was found on the beach

    b What suggests that the owner of the purse is English?
       A the make of the purse
       B the shape of the purse
       C it contains English money
       D it contains an English book

    c How long will it be kept at the police station?
       A until it is claimed
       B two weeks
       C until it is returned to the finder
       D a month

Descriptions

During dinner with your Spanish penfriend's family different people say what they have seen or heard during the day.

1 Villa for hire
   a Where has the speaker just seen an advertisement for a villa?
   b Where is the villa situated?
   c How many rooms in all does it have?
   d When is it free?
   e How much does it cost?
   f What does the speaker think about it?

2 A newspaper advertisement
   a What excursions are advertised?
   b When do they begin?
   c How long do they last?
   d How much do they cost?

3 The 'La Parra' bar barbecues
   a When are the barbecues organised?
   b What is the main thing to eat?
   c What drink is offered?
   d After eating, what can one do?
   e What leaves at 7.00 p.m.?
   f What happens at 1.00 a.m.?

Home again

Listen to this Spanish person talking about something that happened to her family, then answer the questions.

a How long had the family been away?
b For what reason?
c What did they feel like when they arrived?
d What was taking place at the airport?
e How did this affect their journey?
f What went wrong when they got to Barcelona?
g What was the father's state of mind?
h What does the father say?

Weather report 2

If you go to Spain on holiday, you will want to be able to understand weather forecasts. Listen to each of these extracts from radio broadcasts, then answer the questions.

1 What is the general characteristic of the weather?

2 a What temperature values are given for Murcia and Seville?
   b What is the highest temperature mentioned in the report?

3 What will happen to temperatures?

4 What are we told about rainfall?

5 a With what period of time is this report concerned?
   b What are we told about the weather in many parts of Catalonia and Aragón?

6 a To what area does this report refer?
   b What two items of information are we given about the weather?

Avisos de tráfico por carretera

The following radio information refers not to city traffic problems but to more general problems which may be encountered when driving in Spain.

1 a Which road is affected?
   b What is causing the problem?
   c Where, exactly, is the trouble spot?

2 From what time will the extra lane be in operation?

3 a When will the problem occur?
   b What will motorists have to do at Ocaña?
   c Which road goes through Villarejo de Salvanés?

4 a What has caused the problem?
   b What are the numbers of the two roads involved?
   c What precaution must motorists take on the Navacerradq Pass?

5 a What has caused the problem?
   b Which road is affected?
   c Which vehicles are not allowed to use the road?
   d Certain other vehicles may use the road, provided they observe two conditions. What is one of these conditions?

Happenings

Listen to these Spaniards talking about various things that have happened recently.

1 Reward for long service
  a Who presented the reward?
  b What was it?
  c How long had the man worked for the same company?

2 A royal visit
  a What does the speaker's sister do?
    A teacher
    B nurse
    C doctor
    D farmer
  b When did the King's visit take place?
    A last month
    B a few months ago
    C last week
    D a few weeks ago
  c What, according to the speaker's sister, does television do?
    A make the King look taller
    B make the King look fatter
    C make the King look shorter
    D make the King look less handsome

3 Catastrophe in the kitchen
  a What did the daughter decide to do?
  b After preparing and weighing the ingredients, what did she do next?
  c What size spoon did she use to add the baking powder?
  d When did they hear the explosion?

4 Embarrassment in a shop
  a In which shop did this story take place?
  b Where was the box that the shop assistant wanted?
  c How did he get up to the box?
  d What happened as he was reaching for the box?

Chiste

Listen to this joke, then answer the questions.

a What did the young man ask the person in the café?
b What did the young man then say to him?

Weather report 3

Listen to this radio weather report, then answer the following questions.

a With what period is the report concerned?
b What are we told about the weather in the Balearic Isles?
c ... and in Aragón?
d ... and in the Pyrenees?
e What will temperatures be like?

Telephone messages 1

While in Spain you may use the telephone to make arrangements, or you may be the only person around to take a phone message. Listen to the following telephone calls and then answer the questions.

1 Booking a table at a restaurant
  a Why can't you eat at the restaurant tonight?
  b. At what time can you have a table tomorrow?
  c What does the restaurant ask you for?

2 Taking a message for María
  a What can't María's friend do?
  b What has María's friend's mother said?
  c What are two of the things her friend must do that evening?

3 Taking a message for Manuel
  a What are two of the reasons for not going on the bicycle ride?
  b Until when will the ride be postponed?

4 Taking a message from Roberto
  a What message about his flight does Roberto want passed on?
  b What are two reasons for not going to meet Roberto at the station?
  c How will Roberto get home?

Telephone messages 2

On other occasions during your stay in Spain you 'listen in' on some telephone messages (with your host's approval of course!). Listen to these and answer the questions.

1 A message for Felipe
 a How long will the caller be at the swimming pool?
 b Where, exactly, will the caller and his brother be?

2 A message for Carmen
 a What are Carmen's friends about to do?
 b What has Carmen's husband promised?
 c Where did Carmen's husband park the car last week?
 d How is Juan?

3 A message for Pedro
 a What is Pedro asked to do?
 b Where, exactly, in the Calle Mayor is the lady waiting?
 c How will Pedro recognise her?

4 A message for Manolo
 a What has the travel agency just done?
  A written to him
  B phoned him
  C sent him a timetable
  D asked him to call

 b About what has the agency made a mistake?
  A the departure time of the plane
  B the arrival time of the plane
  C the flight time
  D the flight number

 c At what time will the plane leave?
  A 6.00 a.m.
  B 7.30 a.m.
  C 8.00 a.m.
  D 8.30 a.m.

 d What will they have to do at 5.00 a.m.?
  A be at the airport
  B change trains
  C take a taxi
  D catch a train

Conversations

Listen to the following conversations between two Spaniards in different situations, then answer the questions.

1 At a hotel reception desk
   a What does the hotel receptionist want to know?
   - A has the customer eaten well?
   - B has she enjoyed her stay?
   - C has she slept well?
   - D how can he help her?

   b For what does she have to pay 3.000 pesetas?
   - A meals in the restaurant
   - B cleaning bills
   - C telephone calls
   - D drinks in the bar

   c What does the hotel receptionist wish the guest just before she leaves?
   - A a good holiday
   - B a good stay
   - C a good journey
   - D a good day

2 A girl talks about her hobbies
   a What are the girl's favourite indoor hobbies?
   b When does she like to visit the swimming pool?
   c What does she say she would like to do?
   d How well does she say she can swim?

3 Future holidays
   a When will the lady go to Majorca?
   b Where would she prefer to go?
   c Why does she want to go there?

4 Two friends meet in the street
   a Where is Teresa going?
   b At what time will she come out?
   c What could they do when she comes out?
   d Where will they meet?
   e Where do they agree to go?

5 In a Tourist information office
   a What does the customer first ask for?
   b Where is the street plan of Oviedo?
   c What, in addition to the cathedral, is the tourist advised to visit?
   d Where is the cathedral?

6 Talking about holidays
   a Where did the girl spend her holidays last year?
   b Where will she go this year?
   c When will she go?
   d For how long?
   e Whom will she go with?
   f Who will join her in August?

Jokes

Imagine you are with a group of Spaniards who start to tell jokes.

1 A school cap comes in useful
   a When does the mother speak to the boy?
   b Why is the boy very sad?
   c What are the other boys saying?
   d Why, according to his mother, should the boy not worry?
   e What does she want him to buy at the shop?
   f How will his school cap come in useful?

2 A sober doctor
   a What is the doctor's frank opinion about the patient's illness?
   b When will the patient return to see the doctor?

3 A silly threat
   a What are this couple visiting?
   b What did the man ignore?
   c Why did he lower the car window?
   d Where, exactly, was his wife?
   e What did she shout at her husband?

4 A misunderstanding about measurements
   a What did the man want to do?
   b When he telephoned the newspaper, what did he want to know?
   c What was he told?
   d Why did the man think this was too expensive?

5 Not a taxi at all!
   a Where, exactly, was the first car these ladies got into?
   b Having made themselves comfortable, what did they give the driver?
   c What did the driver suggest to them?
   d What was one of the reasons that led the ladies to go to the next car?
   e What kind of car had the ladies first got into?

Eyewitness reports

One Spanish radio programme features listeners' reports of accidents and events. Listen to these accounts, then answer the following questions.

1 An accident in the street
  a Where was the speaker yesterday?
    A on a bus
    B in a car
    C at a bus stop
    D at a railway station

  b What was the speaker doing?
    A talking to a friend
    B waiting for a friend
    C looking for a friend
    D helping a friend

  c How was the boy travelling?
    A by car
    B by motorbike
    C on foot
    D on a bicycle

  d What happened as the boy was going around a corner?
    A a pedestrian stepped out
    B a cyclist appeared
    C a van appeared
    D a motorcyclist pulled out

  e What injury did the boy have?
    A his head was bleeding
    B his arm was broken
    C his arm was bleeding
    D His leg was broken

  f How long did it take for the ambulance to arrive?
    A twenty minutes
    B quite a long time
    C ten minutes
    D a few minutes

2 An embarrassing incident
  a When did the speaker see Rosa and Carmen?
  b Where did she see them?
  c What did a passer-by accidentally do?
  d What fell on Rosa?

3 An unexpected ducking
  a What were the boys doing at the swimming pool?
  b How was each boy dressed?
  c Who arrived later?
  d Who had to get the boy out of the water?
  e Why did he have to get the boy out quickly?

4 An ice cream and a low-cut dress
  a Where did the speaker buy her ice cream?
  b What was the ice cream seller about to do?
  c How was the accident caused?

Late home

Señora Morales is expecting her husband to return from work within the
next half hour. Suddenly the telephone rings and she receives the
following message. Listen carefully and then answer the questions in
English.

Section 1
a Who is making the telephone call?
b At what time does Germán Morales expect to arrive home?
c Why will he be so late?

Section 2
d Where will he eat?
e Whom must señora Morales telephone?
f When exactly is Germán planning to arrive in Marbella?
g What jobs do Rodolfo Arias and Antonio Salazar do?

Section 3
h What is the second thing señora Morales must do for her husband?
i How does Germán Morales want to get home from the railway station?

Avisos de socorro

On occasions when it is urgently needed to trace someone, an appeal may be made on Spanish radio. Listen to the following extracts, then answer the questions.

1 a What nationality is the person mentioned here?
   b What colour car is he driving?
   c What is he asked to do?

2 a Since when has the person concerned been missing?
   b How old is he?
   c Name two things he was wearing at the time of his disappearance.
   d What is anyone with information about his whereabouts asked to do?

Covadonga

During your holiday in Spain you go on a guided tour of Covadonga, a famous region of Asturias. Your guide introduces the visit.

Section 1
a What is the guide's name?
b What is one thing she says about the local scenery?
c It is said that the *Cueva de la Santina* was a shrine to the Virgin Mary before what event?
d Who took refuge with don Pelayo?

Section 2
e What was one weapon used against the Moors in the battle?
f What happened to the weather at the height of the battle?
g How did many Moors die?

Section 3
h What building is near to the Cave of the Virgin?
i What is the tradition surrounding the fountain with seven spouts?
j After this visit where will the tourists go?
k What will they do when they get there?

A tall story!

Section 1

a   What is one reason why other Spaniards admire people from Seville?

b   What, according to the speaker, does their Andalusian accent help them to do?

Section 2

c   Who were out walking one afternoon in Seville?

d   What were they tired of?

e   What did they do?

Section 3

f   What two things are we told about the appearance of the man who spoke to them?

g   What did he want to know?

h   Why did he want to see them again?

Studying in Spain

Your teacher has arranged for you to attend a holiday course in Northern Spain. On the first day there is an official welcome for all the foreign students.

Section 1

a   What is señora Ardiz's job?

b   What will señorita Lucía do?

c   On which days of the week will there be excursions?

d   What will the students visit in the nearby provinces?

e   What will be señor Gómez's task?

Section 2

f   At what time will students start work in the mornings?

g   Where will they spend the last hour of the morning class?

h   Where is the dining-room?

i   How long is the lunch break?

j   What are three of the activities available at the sports centre?

Section 3

k   What must the students do at 9.00 a.m. on Tuesdays and Thursdays?

l   What does the speaker hope the students will find to their liking?

m   What does she remind the students to do?

n   When will they next meet?

A taped 'letter' from Spain

As you and your Spanish friend both have cassette recorders you don't write to each other but record your 'letters' on tape. This is the first part of a cassette you have just received from your friend.

Section 1
a   Why has she sent this cassette?
b   What is one reason that she prefers to send a cassette rather than a letter?
c   What did she do on the previous day?
d   What does she say about the English sense of humour?

Section 2
e   Who didn't seem to appreciate the humour?
f   Why does she suppose this person was not very amused?
g   What will she do next Sunday?
h   Why will this be a special occasion?
i   How many people will be there altogether?

Speaking

Contents

Suggestions for success: Rôle-playing

In this sort of exercise you must imagine that you really are in the situation – that it is happening to **you** now! The situations are all based on events and experiences that commonly take place in Spain and in this country . . . so here is a chance to practise in advance.

Read the instructions carefully, making sure that you know what you have to do. Pay particular attention to the general situation, however briefly it is described, as this will give you two important pieces of information:

1 The relationship between you and the other speaker.
2 Whether you are asking for information or help, or giving it.

1 The relationship

This is important as it will determine whether you use the familiar or polite forms of address, *tú* or *Vd.*. The rules about such usage in Spain today are very much less strict than they were even five years ago, but as a general rule when talking to family, friends and people of your own age you should use familiar forms. When talking to officials and people that you have not met before the polite forms of address are safer.

2 Asking for or giving information or help

As you go through this section you will find that nearly all the situations are based, as in real life, upon either asking for or giving information of one sort or another. Thus instructions will very often begin with the words:

Ask . . .
Find out . . .
Discover . . .

and:

Say . . .
Explain . . .
Tell . . .

Such words already give clues about the sort of Spanish vocabulary you will need. Question words such as:

¿Dónde . . .?
¿Cuánto . . .?
¿Cómo . . .?
¿A qué hora . . .?

are very common in this exercise:

e.g.

You read . . .	You say . . .
Ask where the post office is.	*¿Dónde está Correos?*
Find out how much the bag costs.	*¿Cuánto cuesta la bolsa?*
Discover when the bus leaves.	*¿A qué hora sale el autobús?*

Statements very often require a verb form to convey the information:

e.g.

You read . . .	You say . . .
Say that you want four stamps.	*Quisiera cuatro sellos.*
Tell him to telephone you tomorrow.	*Llámeme por teléfono mañana.*
Explain that you don't like squid.	*No me gustan los calamares.*

A golden rule for this exercise is to avoid trying to translate every instruction word for word. Some instructions can be put into Spanish very easily but on other occasions such an approach would be disastrous. Think about the situation and the relationship, imagine it's happening to you right now, and try to use the words and phrases that you know are appropriate and accurate.

e.g.

You read . . .	You say . . .
Ask for your key.	*Mi llave, por favor.*
Introduce yourself. Say who you are. }	*Me llamo Paul Williams.*
Tell your friend you are pleased to see her.	{ *Me alegro de verte.* *Estoy contenta de verte.*

Common situations in rôle-playing exercises include those involved with meeting people, giving and asking for directions, shopping, ordering food and drink, booking into hotels and asking for and giving information. Introducing yourself and other people, asking at what time things will happen, liking and wanting are also common in these situations. This is not a complete list but if you looked carefully at the idioms, colloquial expressions and general vocabulary that are used in such situations you would be very well prepared!

Finally, one way to make your questions and statements sound more Spanish, and perhaps more polite, is to remember to use simple phrases such as:

Buenos días . . .
Buenas tardes . . .
Por favor . . .
Perdóneme . . .
Gracias . . .
Adiós y gracias . . .
De nada
Pues . . .
Vamos a ver . . .
Hasta la vista
Hasta luego

e.g.

Por favor, ¿dónde está Correos?

Perdóneme, ¿cuánto cuesta la bolsa?

Buenas tardes, ¿a qué hora sale el autobús, por favor?

Vamos a ver, quisiera cuatro sellos.

Pues, no me gustan los calamares. Adiós y gracias.

La Mariposa

Imagine that you are on an exchange visit to Spain. While out for a walk, you see this publicity leaflet for the *Discoteca La Mariposa*.

When you get back to your friend's house, you tell him/her about it. Your teacher may want to discuss the leaflet with you before you start.

You	Ask your friend if he/she has been to *La Mariposa*.
Friend	*¿La Mariposa? No, ¿qué es?*
You	Tell him/her.
Friend	*¿Dónde está?*
You	Tell him/her.
Friend	*¿Cuánto cuesta la entrada?*
You	Tell him/her. Ask if he/she wants to go this evening.

Rôle-playing 1

1 You are in Spain and go into an *estanco* to buy stamps.
   a Ask for four stamps for England.
   b Ask how much they cost and say thank you.

2 You return to your hotel in Spain and go to the reception desk.
   a Ask for your key – number 49.
   b Say thank you.

3 You have just arrived at your hotel in Spain. You are at the reception desk.
   a Say hello and introduce yourself.
   b Explain that you have reserved a double room with a bath.

4 During your holiday in Alicante you go to the local railway station.
   a Ask if you can travel by train from Alicante to Valencia.
   b Ask at what time the next train leaves.
   c Say thank you and goodbye.

5 In Spain you are sitting with three friends at a table outside a bar. The waiter arrives.
   a Order two beers and two coca-colas.

6 You go to a local Spanish garage to hire a small car for three days.
   a Find out if they have cars for hire.
   b Explain that you want a small car for three days.
   c Ask how much it will cost.

7 You are staying at a *pensión* in Spain which has no swimming pool. The hotel next door does have one. You go to the hotel reception desk.
   a Explain where you are staying.
   b Ask if you can use the hotel pool.
   c Find out at what time it opens in the morning.

8 You lose your passport on holiday in Mallorca and go to the local *Comisaría*.
   a Say who you are and why you have come.
   b Say you are staying at the Hotel Colmar.
   c Explain that you are leaving Spain tomorrow.

9 You visit a bank in Spain to change money.
   a Explain that you want to change £20 into pesetas.
   b Ask if they want to see your passport.

10 You are shopping for presents in Barcelona. You want to buy an expensive leather handbag.
   a Explain to the assistant that the bag must be black.
   b Say that you will pay up to 6,000 pesetas.

11 You are staying with Spanish friends at Gerona.
   a Say that you would like to visit the beach.
   b Ask how long it takes to get there.

12 You have just arrived at your penfriend's flat in Zaragoza.
   a Tell your friend that you are happy to see him.
   b Say that you have presents for him and his parents.

13 You are staying at your Spanish penfriend's house. Her mother asks if you help at home.
   a Say that you do, sometimes.
   b Tell her that you like cooking, but you don't much like washing-up.
   c Ask her at what time you will be eating that evening.

14 Your Spanish friends with whom you are staying in Seville want to take you to a bullfight.
   a Explain that you don't want to go.
   b Say that you will go shopping.

15 After a day on the beach with your Spanish penfriend and her family you return to their home.
   a Ask if you can have a shower before dinner.
   b Find out at what time dinner will be.

16 You are saying goodbye to your Spanish friends at Madrid airport after staying with them for two weeks.
   a Say that you have enjoyed your holiday very much.
   b Tell them to come and see you at your home next year.
   c Say thank you and 'see you'.

Rôle-playing 2: Talking to Spanish visitors

Work out what you would say in each of the following situations.

1 Your Spanish penfriend Paco has arrived to stay at your house.
   a Introduce him to your mother and your sister, Anne.
   b Explain that your father is still at work.
   c Ask him if he would like to see his bedroom.

2 In England you are asked directions by a Spaniard who speaks no English.
   a Say that the town centre is straight on and then first left.
   b Tell him it will take five minutes to reach the centre.

3 A Spaniard is in your local bank at the same time as you but cannot make himself understood.
   a Say good morning and introduce yourself.
   b Tell him you speak a little Spanish.
   c Ask if you can help him.

4 Outside a hotel in London you hear two Spanish people talking. They are looking at a map and at street signs.
   a Say hello and ask if you can help them.
   b Find out where they want to go.
   c Ask if they would like to go by taxi or by bus.

5 While travelling from Gatwick to London by train you are sitting opposite a Spanish family.
   a Say hello and introduce yourself.
   b Ask where they are going and why they are in England.

6 You have just met your penfriend at Luton airport where she has arrived from Spain.
   a Say hello.
   b Ask if she has had a good journey.
   c Explain that you have a car in the car park.

7 Your Spanish friends are staying with you in England for ten days.
   a Say that tomorrow you are all going to visit Brighton.
   b Explain that they will all have to get up at 8.00 a.m.

8 Your Spanish penfriend who is staying with you has complained of a headache.
   a Find out if he would like an aspirin.
   b Say that you will call a doctor, if he wishes.

9 You are staying with four Spanish friends at a campsite in Cornwall.
    a Ask them if they would like to go swimming.
    b Find out if they would like to do something else.

10 After staying with you for three weeks your Spanish penfriend is returning tomorrow to Málaga.
    a Ask if she wants you to help her pack her case.
    b Say that she must get up at 7.00 a.m.
    c Explain that you will have to be at the airport by 10.30 a.m.

Desaparecido

You are staying in Madrid and read the following request in a newspaper.

DESAPARECIDO

Alberto Martín Vega, de cincuenta años de edad, desapareció de su casa en el número 354 de la calle Colón, en Madrid, el domingo pasado. En el momento de su desaparición vestía un anorak negro, un pantalón marrón y zapatos negros. Si alguna persona puede dar algún dato sobre el desaparecido, puede ponerse en contacto con cualquier comisaría madrileña.

You saw someone who looked very like Señor Vega and who was wearing exactly the same clothes as those mentioned in the newspaper, sitting on a bench near your hotel only five minutes ago. Decide what you are going to say (who you are, where and when you saw Señor Vega, a brief description of him and what he was wearing), then phone the police.

Rôle-playing 3

Working in pairs, you should:

- prepare the part labelled 'you'
- check your work with your teacher
- practise the conversation
- change rôles and go through it again

1 You go into a *droguería* in Fuengirola to buy a pair of sunglasses.

Dependienta	*Buenos días ¿en qué puedo servirle?*
You	Say that you want to buy sunglasses.
Dependienta	*Bueno, tenemos una selección bastante grande.*
You	Find out how much they cost.
Dependienta	*Entre 350 pesetas y 1.800 pesetas.*
You	Say that you will have the pair costing 640 pesetas.
Dependienta	*¿Algo más?*
You	Say that you want nothing else, thank her and say goodbye.

2 While on holiday at Calella you go to a beach restaurant with two friends for lunch.

Camarero	*Buenos días ¿qué quieren tomar?*
You	Explain that you would all like to have some fish.
Camarero	*Bueno, hay gambas, langosta o paella valenciana.*
You	Order paella for two and lobster for one.
Camarero	*Y ¿para beber?*
You	Ask for a bottle of mineral water and three glasses of white wine.

3 You are driving through Spain by car and stop at a *gasolinera* to fill up with petrol.

Empleado	*¡Hola! ¿Qué desea?*
You	Ask him to put in 30 litres of petrol.
Empleado	*Vale ¿algo más?*
You	Say no, and ask how far it is to Madrid.
Empleado	*¡Hombre! Es un viaje bastante largo.*
You	Say that you know that but that you are in no hurry.
Empleado	*¿Dónde va a quedarse esta noche?*
You	Explain that you will stay at a *Parador Nacional*.

4 While in Burgos you decide to go and see a bullfight. You enquire at your hotel reception desk about buying tickets.

Recepcionista	*¡Hola! ¿Qué desea?*
You	Say that you want to buy tickets for the bullfight.
Recepcionista	*Bueno, aquí no las tenemos.*
You	Find out where you go to buy them.
Recepcionista	*Lo mejor es ir a la plaza de toros. Hay dos taquillas allí.*
You	Find out if the seats are expensive.
Recepcionista	*Bueno, depende. En el sol no son caras, pero en la sombra sí.*
You	Say thank you and goodbye.

5 In your local library you hear a Spaniard trying, with difficulty, to ask for some information about your town. You decide to help.

You	Ask if you can help. Say that you are English but speak a little Spanish.
Español	*Muy bien. Muchísimas gracias. Busco un plano de la ciudad.*
You	Ask him if he is looking for a particular place.
Español	*Sí, sí. Busco el Hotel Grand. Me quedo allí pero me he extraviado.*
You	Tell him that you know the hotel. It's quite near but as it has started to rain you'll take him there in your car.
Español	*Es Vd. muy amable. Gracias.*
You	Tell him it's nothing and that you like to speak Spanish.

6 You have a 16 year-old Spanish girl staying with you as the first half of a school exchange. You try to find out what she wants to do in the evenings.

You	Ask what she likes to do in the evenings.
Marisol	*Me gusta pasear pero en Inglaterra no hace buen tiempo.*
You	Ask if she likes to go to the cinema or to discos.
Marisol	*Pues en un cine inglés no entiendo nada. Prefiero ir a una disco.*
You	Find out if she goes to discos in Spain.
Marisol	*Claro que sí, pero siempre voy acompañada por un hermano mayor.*
You	Tell her that you will go to the disco at your school. You will have to leave the house at 8.00 p.m.

7 You telephone your Spanish penfriend in Granada to give him details of your arrival next week.

You	Say hello and ask him how he is.
José	*Bien, gracias. ¿Llegarás la semana próxima?*
You	Say yes. Explain that you will arrive at Málaga airport at 14.40.
José	*¡Qué bien! ¿Cuál es el número de tu vuelo?*
You	Tell him that you think it is IB 541.
José	*Bueno, te encontraré en la sala de espera.*
You	Say thank you and goodbye until then.

8 You are staying with friends in Tarragona and they tell you what they have planned for tomorrow.

Su amigo	*Mañana, vamos a hacer una excursión en el campo.*
You	Say that you would like that very much.
Su amigo	*Sabes ir en bicicleta ¿no?*
You	Say of course. Explain that you have been riding a bicycle for 11 years.
Su amigo	*Pues, ¿quizás te gustaría más una motocicleta?*
You	Say that this is a splendid idea.
Su amigo	*Mañana por la mañana vamos a alquilar cuatro motocicletas. ¿Quieres venir al garaje con nosotros?*
You	Say yes and ask at what time you will all go.

9 You are staying in a rented villa in Spain and the postman calls.

Cartero	*Buenos días.*
You	Wish the postman good morning.
Cartero	*Tengo una carta certificada para Vd.*
You	Ask him what you have to do.
Cartero	*Vd. tiene que firmar aquí, por favor.*
You	Ask the postman if he has anything else for you.
Cartero	*No, solamente esa carta.*
You	Ask him if he is sure. Tell him that you are expecting a letter from England.
Cartero	*Lo siento, estoy seguro que no tengo nada de Inglaterra.*

S.O.S.

You are on holiday at the Goya hotel in Málaga, sitting on the terrace reading a magazine. Your attention is caught by the following appeal for information about the whereabouts of a missing person.

Desearía saber el paradero de mi hija Victoria Domínguez Alvarez, de 23 años de edad, de la que hace un año no sé nada. Sus últimas noticias eran que estaba trabajando en Málaga. Por favor, si alguien sabe algo de ella que llame al teléfono 936 – 214636.

There is no doubt about it: this is the young woman who is working as a waitress in your hotel.

Work out the essentials of what you will say (who you are, where you are staying, you think their daughter is working at the hotel, a brief description of the girl), then phone the family.

Rôle-playing 4

Working in pairs, you should:

- work out what each of you will say
- check what you have prepared with your teacher
- practise the conversation
- change rôles and practise it again

1 You are in a bar in Spain. The waiter comes to you.

    a (He says good afternoon and asks what you want.)
        Say good afternoon and ask if there are any *tapas*.
    b (He tells you that there are *gambas*, *mejillones* and *tortilla*.)
        Order a large coca-cola and some prawns.

2 You arrive at your hotel in Spain and go to the reception desk.

    a Say good morning and introduce yourself.
        (The receptionist says hello and asks if you have a reservation.)
    b Say that you have reserved a single room with a shower.
        (The receptionist agrees and asks for your passport.)
    c Find out which floor your room is.
        (The receptionist tells you the third floor and hands you the key.)
    d Say thank you.

3 While in Spain, you go for a walk with your Spanish penfriend and his dog.

    a Ask how old his dog is.
        (He tells you, and asks if you have a dog at home.)
    b Say that you haven't, but that you'd like one.
        (He asks you if you have any pets.)
    c Tell him you have a black cat.

4 While in Torremolinos you visit the local *Agencia de viajes* to find out about an excursion to Granada.

    a Say good morning and explain that you are English.
        (The assistant asks if he can help you.)
    b Explain that you want to visit Granada.
        (He explains that a coach leaves Torremolinos every day.)
    c Find out the cost for two people and at what time the coach leaves.

5 In Oxford you are asked to help a Spanish family travelling by car, who speak no English and who have lost their way.

    a Say hello and explain that you speak a little Spanish.
       (They are looking for the Regency Hotel and ask if it is near.)

    b Say that you know it and that it is quite nearby.
       (They ask how to get to it.)

    c Tell them to turn right at the end of the road and then second left.
       (They thank you for your help.)

    d Tell them that it was nothing.

6 You are staying at your penfriend's house in San Sebastián. It is dinner time on your first day there.

    a (Your penfriend asks if you have had paella before.)
       Say that you have never had it before.

    b (She says that she hopes you will like it.)
       Say that you are sure you will like it.

    c (She asks if you prefer sangría or mineral water to drink.)
       Ask her what she is going to have.

    d (She says sangría.)
       Say that you will have some too.

7 Your Spanish penfriend telephones you from Ibiza to give you the details of her arrival in England.

    a Say that you are very happy that she is coming.
       (She says that she is happy too, and asks if you will meet her.)

    b Say of course and ask at which airport she will arrive.
       (She tells you that she will arrive at Heathrow.)

    c Find out at what time her plane arrives.
       (She explains that it will be at 4.10 p.m.)

    d Tell her that you will meet her then. Wish her a good journey.

8 Your Spanish penfriend is staying with you during termtime so you decide to take him to school. On the way to school you chat.

    a Tell him that school begins at 8.50 a.m.
       (He says that this is very late.)

    b Ask him at what time he has to start classes.
       (He tells you that school begins at 8.00 a.m.)

    c Explain that you have five lessons in the morning and two in the afternoon.
       (He asks you when school finishes.)

    d Tell him that school will end today at 3.55 p.m.

¡Hola! 1

When you meet someone and start a conversation, you may want to ask questions to find out more about them.

Working in pairs, take it in turns to be the person asking the questions and the Spanish stranger who is answering them in each of the situations set out below. (Whoever is answering the questions will find all the necessary information about the rôle on page 135.)

Before you start, whoever is **asking** the questions should decide what to say to find out the following:

– the stranger's name
– where he/she lives
– his/her job
– what his/her interests are

The person **answering** should:

– study the rôle as set out
– decide how to reply

1   While travelling by train from Alicante to Benidorm you begin a conversation with a lady sitting opposite you.

2   At a disco in Calella you meet a young Spanish man.

3   On an aeroplane flying from Málaga to Gatwick you are sitting next to a young Spanish lady. Start by saying hello and introducing yourself.

4   While waiting for the bullfight to begin at Barcelona, an old Spanish gentleman sitting near you asks if you are English. Say that you are, and begin a conversation.

5   A young Spanish man is sitting next to you on a bus taking you from Gerona airport to your hotel in Lloret de Mar. Start by saying hello.

6   You meet a Spanish lady at your campsite near Denia.

¡Hola! 2

As in ¡Hola! 1, practise this conversation in pairs, taking it in turns to ask and answer questions.

This time the person **asking** the questions, in addition to finding out the stranger's name, where he/she lives, job and interests, should also find out about:

– his/her age
– which languages he/she speaks
– his/her family
– why he/she is there

The person **answering** will find the essential information for each rôle on page 136.

As before, prepare your questions and answers before you start each conversation.

1 You are in a queue at the *Oficina de turismo* in Santander. The man behind you is an old Spaniard who complains to you about the delay. You get into conversation.

2 In an English bank you act as interpreter for a Spanish man who cannot make himself understood. When he has changed his pesetas into pounds, you continue to chat.

3 In your local supermarket a young foreign lady asks you for help in choosing cheese. She speaks poor English and you recognise her accent as being Spanish.

4 While on holiday in Blanes you meet by chance at a local café the waiter who works at your hotel. You chat over a cup of coffee.

5 At a shop which hires bicycles in Palma de Mallorca you meet a Spanish girl who is also interested in hiring a bicycle. Say hello and introduce yourself.

6 You are playing table football in a bar in Sitges when you get into conversation with a young Spanish man.

7 The young man who looks after the swimming pool at your hotel in Calpe seems very pleasant. You decide to talk to him.

8 While on the beach at Alicante you get into conversation with a young Spanish lady.

Rôle-playing 5: Examination practice

You have five minutes to prepare each of the following rôle-playing situations. Your teacher (or a fellow student) will then take the part of the examiner (for the examiner's part, see page 137).

Unless otherwise indicated, the examiner speaks first.

1 The situation is   in Spain in the house of your Spanish penfriend.

    Your rôle is   that of a visitor to Spain and to your penfriend's house. You have never been to Spain before and have just arrived at his house from the airport.

    Your task is   to explain that you are thirsty and hot and to talk a little about your journey.

   a Say you are very thirsty.
   b Say you would like coffee.
   c Find out where the bathroom is.
   d Ask if you can have a shower.
   e Find out where to put your clothes.

2 The situation is   in England in a town centre.

    Your rôle is   you meet a Spaniard whom you know is staying with a friend of yours. He speaks no English and needs information.

    Your task is   to give him directions to places, suggestions for means of transport.

(You speak first)
   a Say hello and ask how he is.
   b Say you are well, and ask him if you can help.
   c Say that the post office is first left and then second right.
   d Ask him if he understands.

3 The situation is   in Spain at a petrol station.

    Your rôle is   that of a visitor travelling by car.

    Your task is   to buy petrol, get the windscreen cleaned and find out how long it will take to get to Santiago.

   a Tell the attendant to fill up the tank.
   b Ask him to clean the windscreen. Find out the cost.
   c Explain that you are travelling to Santiago.
      Find out how much longer it will take you to get there.
   d Say thank you and goodbye.

4 The situation is   in Spain, at your penfriend's house.
Your rôle is   that of a visitor.
Your task is   to find out about arrangements for swimming.

(You speak first)
a   Ask if there is a swimming pool in the town.
b   Suggest that you both go there.
c   Say that of course you have a bathing costume.
d   Ask how much it will cost.
e   Tell him that you will pay for a drink after swimming.

5 The situation is   in Spain at a railway booking office.
Your rôle is   that of a visitor seeking information.
Your task is   to find out about the fares and train times to Irún and to buy a ticket.

(You speak first)
a   Explain to the clerk that you want to go to Irún.
b   Say that you want to leave as early as possible.
c   Tell him you will travel on the 08.10.
d   Ask for the difference in price between first and second class singles.
e   Ask for a second class single ticket for tomorrow morning.

6 The situation is   in Spain in a police station.
Your rôle is   that of a tourist who has witnessed an accident.
Your task is   to tell the policeman who you are, where you were when you saw the accident, and what happened.

a   Give your name, nationality and the name of your hotel.
b   Explain that you were sitting at a café on the square.
c   Tell him that it didn't appear to you that the red car was travelling quickly.
d   Explain that you are returning to London in three days' time. Say that you are sorry.

7 The situation is   in England in your flat.
Your rôle is   that of host to a Spanish friend who has never visited England before. He speaks very little English.
Your task is   to find out what sorts of things he likes to do and to suggest possibilities.

(You speak first)
a   Find out the kind of things your friend likes to do.
b   Suggest a coach trip through the country to a nearby town.
c   Explain that there's a park there and a swimming pool.
d   Find out if he would like to eat in a restaurant or take a picnic.
e   Say that you prefer to take a picnic because it is cheaper.

Suggestions for success: Answering questions

Here is your chance to show how much Spanish you are able to speak. In some cases the answers to these questions may be only one or two words, in others a short sentence, and in still others you may be able to talk for quite a long time.

Most questions will fit into one of three categories:

1 Concerning information or events
2 Concerning other people
3 Concerning you

1 Concerning information or events

e.g.

¿Hay restaurantes aquí?
¿Se podría telefonear allí? ¿Dónde?
¿A qué hora saldrá el primer autocar?

2 Concerning other people

e.g.

¿Quiénes son las personas en el bar?
¿Cómo era la señorita que conducía el coche?

These two sorts of questions are usually based upon either written or pictorial information which you will have a few minutes to look at before answering.

3 Concerning you

e.g.

¿Cómo se llama Vd.?
¿Ha visitado Vd. España antes?
¿Qué hizo Vd. ayer por la tarde?

Remember questions concerning name, age, pastimes, likes and dislikes, visits to Spain, etc., are not difficult to prepare and you should be able to answer them quickly, fully and accurately.

Whatever the question, remember to listen or read carefully for three important clues:

4   The key question word
5   The tense of the question
6   The person of the verb

4   The key question word

The key question word will give you a good idea about the sort of question you are being asked and about the answers:

e.g.

¿Quiénes van al cine con Pedro y Carmen?
¿Dónde hay una gasolinera, por favor?

In both cases the first word is a clear pointer to the answer required.
    Other such question words include:

¿Adónde . . .?
¿Cúanto(s) . . .?
¿Qué . . .?
¿Por qué . . .?
¿Cuándo . . .?
¿Cuál . . .?
¿Cómo . . .?

The question *¿A qué hora . . .?* should remind you that it is a question about time:

e.g.

¿A qué hora llega el autobús de Segovia?

5   The tense of the question

Is the tense of the question past, present, future or conditional? Usually the tense of your answer will be the same as that of the question:

e.g.

*¿Cómo **son** los dos guardias?*	***Son** altos y gordos.*
*¿Qué **pasará** a las 9,45?*	***Llegará** el avión de Málaga.*
*¿Por qué **le gustaría** visitar Avila?*	***Me gustaría** ver una ciudad antigua.*

6 The person of the verb

The person of the verb will tell you whether the question is about you or someone else. If a reflexive verb is needed in your answer, don't forget the pronoun:

e.g.

¿Quién **es** Vd.?   **Soy** Marilyn Smithson.
¿Dónde **viven** Vds.?   **Vivimos** en Cambridge.
¿**Se levantó** Vd. temprano ayer?   Sí, **me levanté** a las seis.
¿Qué **hicieron** las dos chicas
anoche?   **Fueron** a la disco.

You must be prepared for questions using the verb *hacer*.

e.g.

¿Qué hace . . .?
¿Qué hará . . .?
¿Qué hizo . . .?

All will make you use another verb and, perhaps, will give you an opportunity to talk freely about something you are doing, you have done, or will do in the future.

However, you should never attempt to say things that are too complicated for your level of Spanish. Accurate Spanish used appropriately to convey the required information is what you should aim for.

The *Vd./Vds.* forms have been used throughout these exercises. In some cases teachers may prefer to use the *tú* form.

Un gran centro comercial

INVITACION GRATIS

al **GRAN CENTRO COMERCIAL**

SANTANDER

Dos Personas

Tome gratis en el típico bar andaluz

VINOS SANGRIA CHAMPAN CAFE

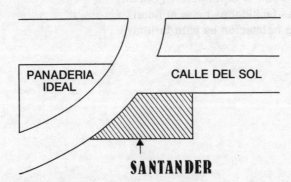

PANADERIA
IDEAL

CALLE DEL SOL

SANTANDER

SANTANDER Calle del Sol, 19 – Valencia

a ¿Para cuántas personas es esta invitación?
b ¿Es una invitación a tomar qué cosas?
c ¿En qué calle se halla la tienda?
d ¿Cómo se llama la tienda?
e ¿En qué ciudad está situada?
f ¿Dónde está la «Panadería Ideal»?

Hotel Cervantes

HOTEL CERVANTES

Calle Las Asturias 110–118, Torremolinos
Tel. 38 71 49

Restaurante   Cafetería   Bares
Piscinas   Deportes
Información
Peluquerías
Servicio Médico
Alquiler de Coches   Motos

HABITACION Nº: <u>625</u>

a ¿De qué hotel es esta tarjeta?
b ¿En qué ciudad se halla el hotel?
c ¿Cuál es el número del hotel en la Calle las Asturias?
d ¿Se puede comer en el hotel? ¿Dónde?
e ¿Qué otras facilidades tiene el hotel?
f ¿Para qué habitación es esta tarjeta?

Cambio de moneda

CAMBIO DE MONEDA

Unidad monetaria: la peseta

Monedas: 5, 25, 50, 100 pesetas

Billetes:	100	(marrones)
	500	(azules)
	1000	(verdes)
	5000	(violáceos)

Servicio de 'Cambio de Divisas': Bancos (9h. a 2h., sábados 9h. a 1h.)
Hoteles de 4 y 5 estrellas
Aeropuerto de Barajas
RENFE

a ¿Cuál es la unidad monetaria de España?
b ¿Cuáles son las monedas principales españolas?
c ¿Cuánto vale un billete marrón?
d ¿. . . y un billete verde?
e Si Vd. tiene dos billetes azules y tres billetes verdes ¿cuántas pesetas tiene Vd. en total?
f ¿Durante cuántas horas están abiertos los bancos?
g ¿A qué hora se cierran los bancos normalmente?
h ¿Y los sábados?
i Ciertos hoteles pueden cambiar libras esterlinas en pesetas, ¿cuáles hoteles son?
j ¿Sabe Vd. qué es RENFE?

¡Hablen el español!

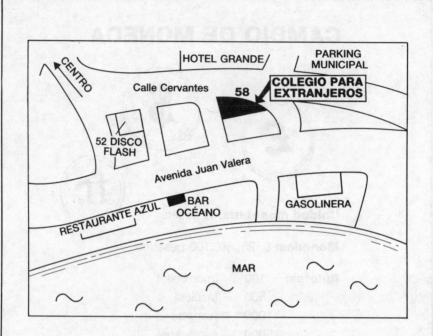

¡HABLEN EL ESPAÑOL!

COLEGIO PARA EXTRANJEROS

C/. Cervantes, 58   Tel. 23 49 98

Grupos – Clases Particulares – de 9h. a 13h. y de 16h. a 20h.

a   ¿Qué está en la calle Cervantes, número 58?
b   ¿Cuál es su número de teléfono?
c   ¿Qué se puede hacer en este colegio?
d   ¿A qué hora empiezan las clases cada día?
e   ¿Qué pasa cada día a las 20,00h.?
f   ¿Dónde está la disco «Flash»?
g   Hay un bar en la ciudad, ¿por qué piensa Vd. que se llama el «Océano»?

Transmediterráneo

TRANSMEDITERRANEO

HORARIOS

Península – Norte de Africa
Línea 3 Algeciras – Ceuta

1 abril a 30 junio

Salidas de Algeciras

Lunes a sábados	06.30 – 08.00 – 10.00 – 11.00 – 13.00
	15.00 – 17.00 – 18.00 – 21.00
Domingos	10.00 – 13.00 – 17.00 – 21.00

Salidas de Ceuta

Lunes a sábados	07.30 – 08.30 – 10.30 – 12.30 – 14.00
	15.30 – 18.30 – 19.30 – 20.30
Domingos	08.30 – 12.30 – 15.30 – 19.30

a ¿Qué es esto?
b ¿De dónde salen los barcos de Línea 3?
c ¿Adónde van?
d ¿Para cuántos meses son estos horarios?
e ¿Cuándo termina el horario?
f ¿A qué hora sale el primer barco el miércoles?
g ¿Cuántas salidas hay cada día, menos los domingos?
h ¿Cuándo sale de Ceuta el último barco del día?

Albergue juvenil

ALBERGUE JUVENIL

Calle Conde Sepúlveda, 63   Tel. 42 00 27

Capacidad: 108 personas

Abierto julio y agosto, así como en Semana Santa

	Menores de 26 años	Mayores de 26 años
Pensión completa	800 ptas.	910 ptas.
Comida	315	400
Cena	310	340
Desayuno	80	85
Noche por persona	310	340
Alquiler de sábanas	75	80

a ¿Cuál es la dirección de este albergue?
b ¿Qué capacidad tiene?
c ¿Cuándo estará abierto este año?
d ¿En qué parte del año es Semana Santa?
e ¿Qué clase de personas tiene que pagar más?
f ¿Cuál es el precio máximo para la pensión completa?
g ¿Qué cuesta 85 ptas?
h Si una persona de 19 años quiere pasar una noche en este albergue, sin alquilar sábanas pero con desayuno ¿cuánto costará?

Turavia

TURAVIA

Una semana en Mallorca

ITINERARIO

Día 1° **MALAGA:** Presentación en el Aeropuerto – mostrador Turavia/Aviaco – 75 minutos antes de la salida del vuelo JA–805 a las 19.15 horas.

MALLORCA: Llegada a las 20.15 horas y traslado al hotel.

Días 2° al 7° **MALLORCA:** Estancia en el hotel al régimen de media pensión o pensión completa. Excursiones elegidas.

Día 8° **MALLORCA:** Traslado al aeropuerto. Salida en el vuelo JA–804, a las 07.30 horas con destino a Málaga.

MALAGA: Llegada a las 08.35 horas.

a ¿Qué anuncia Turavia?
b ¿A qué hora hay que presentarse al aeropuerto el primer día?
c ¿Qué pasará una hora y cuarto más tarde?
d ¿Cuánto tiempo durará el viaje?
e ¿Adónde irán al llegar a Mallorca?
f ¿Cuántos días pasarán en Mallorca?
g ¿En qué día se trasladarán al aeropuerto?
h ¿A qué hora llegarán de nuevo a Málaga?

T.V.

DOMINGO 3 de octubre
Cadena 1

9.45	**Carta de ajuste.**
9.59	**Apertura y presentación.**
10.00	**Hablamos.** Discusión religiosa.
10.30	**El día del Señor.** Santa Misa.
11.30	**Gente joven.**
12.30	**Deporte.** Incluye la transmisión en directo de tenis, Copa Davis (España – Gran Bretaña) y del campeonato de España de golf.
15.35	**Noticias.**
16.05	**Juanita la Larga:** «Capítulo 3» (Mayores 14 años). En Villalegre hay muchas ideas sobre la desaparición de don Paco. Sus hijos Inés, Andrés y Juanita organizan partidas de rescate para encontrarle.
18.15	**Golf.** Campeonato de España.
21.00	**Noticias.**
21.40	**Benny Hill:** «Episodio número 5» (Mayores 14 años).
22.25	**Despedida.**

a ¿Qué día es?

b ¿Qué fecha es?

c ¿Para qué cadena es este programa?

d ¿A qué hora empieza el programa?

e ¿A qué horas son los programas religiosos?

f ¿Qué deportes se presentan a las 12,30?

g ¿Cuál programa de noticias es el más largo?

h ¿A qué horas empiezan los dos programas que contienen la frase «Mayores 14 años»?

i ¿Qué significa esta frase?

j ¿Qué pasará a las 22,25?

Viajes Benfranca

VIAJES BENFRANCA S.A.

VIAJE A CANARIAS AL PARTIDO DE FUTBOL

LAS PALMAS/REAL SPORTING

<u>25 diciembre</u>: – Salida autocar Plaza Mayor   15,30h.
– Salida Aeropuerto de Asturias   17,00h.
– Vuelo especial de IBERIA.
– Llegada al Aeropuerto las Palmas   20,40h.
– Traslado al hotel.

<u>28 diciembre</u>: – Traslado al aeropuerto.
– Salida Las Palmas   12,05h.
– Llegada aeropuerto de Asturias   15,50h.

HOTEL CRISTINA (5 estrellas)

Precio por persona
en régimen de media pensión .... **PTS. 46.275**

HOTEL PARQUE (3 estrellas)

Precio por persona
en régimen de alojamiento y desayuno .... **PTS. 38.575**

a   ¿Qué compañía organiza esta excursión?
b   ¿Adónde va la excursión?
c   ¿Cuál es el motivo de la excursión?
d   ¿Cuántos días durará la excursión? ¿En qué temporada del año?
e   ¿Qué métodos de transporte se emplearán?
f   ¿A qué hora saldrá el autocar de la Plaza Mayor?
g   ¿Qué pasará a las 20,40h.?
h   ¿Cuánto tiempo durará el vuelo de Las Palmas al aeropuerto de Asturias?
i   ¿Cómo se sabe que el hotel Cristina es el mejor?
j   ¿Cuánto cuesta quedarse en el hotel Parque?

Segovia

SEGOVIA

SITIOS TURISTICOS

ALCAZAR 80 pts.
Laborables: de 10h a 14h y de 16h a 18h.
Sábados y domingos: de 10h a 18h.

CATEDRAL 60 pts.
Laborables: de 10h a 13h y de 15h a 18h.
Domingos y festivos: de 11h a 17h.
Lunes: cerrado

PALACIO DE LA GRANJA

De 10h a 13h y de 15.30h a 17.30h.

Precio 1 Jubilados: gratis todos los días
      2 Adultos: 185 pts.
      3 Niños: 160 pts.
      4 Escolares: visita gratuita el lunes

Las fuentes del Palacio de la Granja empiezan a
funcionar a finales de abril, dejan de funcionar a mediados
de noviembre.
Jueves, sábados, domingos y festivos a las 17h.
Precio 70 pts.

a   ¿Qué información presenta este cartel?
b   ¿Cuánto cuesta entrar en el Alcázar?
c   Si Vd. llega a Segovia el martes por la tarde, ¿cuándo podrá entrar en el Alcázar?
d   Si se paga 60 ptas. ¿en dónde se puede entrar?
e   La catedral no está abierta toda la semana, ¿cuántos días está abierta?
f   ¿Es más o menos barato visitar el Palacio de la Granja que la catedral?
g   Para una familia de dos adultos y dos niños ¿cuánto cuesta entrar en el Palacio?
h   Unas personas pueden entrar sin pagar, ¿quiénes son?
i   ¿En qué meses funcionan las fuentes del Palacio?
j   ¿Cuáles son los días en que no funcionan?
k   ¿Qué diferencia hay en los precios de entrada para el Alcázar y las fuentes?

Questions on a picture

1   Getting up

a   ¿Dónde pasa esta escena?
b   ¿Qué hora es?
c   ¿Qué muebles hay?
d   ¿Qué ve usted en la pared?
e   ¿Qué cosas hay en la mesa?
f   ¿Qué ve usted en el suelo?
g   ¿Qué está haciendo el chico?
h   ¿Dónde está el gato?

2 In the lounge

a ¿Dónde pasa esta escena?
b ¿Cuántas personas hay aquí?
c ¿Qué están haciendo los niños?
d ¿Dónde está el viejo?
e ¿Qué hace el viejo?
f ¿Dónde está el perro?
g ¿Qué lleva en la mano la señora?
h Describa a la señora.

3   In the kitchen

a   ¿Dónde pasa esta escena?
b   ¿Qué hora es?
c   ¿Qué tiene en la mano derecha el chico?
d   ¿Qué hizo el chico para ayudar a su madre?
e   Describa a la madre.
f   ¿Qué se ve por la ventana?

4 At a café

a ¿Dónde estamos en esta escena?
b ¿Cuántas personas hay allí?
c ¿Quiénes son?
d ¿Qué están haciendo?
e ¿Cómo es el camarero?
f ¿Qué escribe el camarero?
g ¿Qué tomarán los clientes probablemente?

General questions
a ¿Le gusta a Vd. visitar cafés? ¿Por qué?
b ¿Va Vd. a los cafés solo? ¿Con quién va Vd.?
c Generalmente ¿qué toma Vd. en un café?
d ¿Cuándo fue su última visita a un café? ¿Qué hizo Vd. allí?

5 In the street

a ¿Dónde estamos en esta escena?

b ¿Cuántas personas hay?   ¿Quiénes son?

¿Qué hacen los hombres?

¿Qué tienen los chicos?

¿Adónde va la señorita? ¿Por qué?

c Los dos hombres acaban de comprar distintas cosas, ¿qué son?

d En su opinión ¿por qué han comprado estas cosas?

e Un hombre sube a un coche ¿adónde va probablemente?

f ¿Qué está haciendo el otro?

g ¿Por qué no están en el colegio estos chicos?

General questions

a ¿Tiene Vd. una bicicleta?   ¿De qué color es?

¿Desde cuándo tiene Vd. su bici?

b ¿Tiene Vd. un perro?   ¿Cómo es?

¿Cuánto tiempo hace que tiene Vd. el perro?

c ¿Tiene su familia un coche? ¿Cómo es?

d ¿Conduce Vd. el coche? ¿Por qué no?

e ¿Quién conduce el coche?

f ¿Irá Vd. de vacaciones en el coche este año?

g ¿Qué clase de coche le gustaría tener? ¿Por qué?

6 After breakfast

a ¿Dónde estamos en esta escena?
b ¿Cuáles habitaciones se pueden ver?
c ¿Cuántas personas hay en esta familia? ¿Quiénes son?
d ¿Qué hora es? ¿Cómo lo sabe?
e ¿Qué acaban de hacer estas personas?
f ¿Qué hace el hombre en este momento?
g Dentro de dos o tres minutos ¿qué harán estas personas?
h ¿Qué hay en la mesa?
i Probablemente ¿qué hacían estas personas hace una hora?
j En su opinión ¿qué van a hacer a las nueve menos cuarto?

General questions
a ¿Cuántas personas hay en su familia? ¿Quiénes son?
b ¿A qué hora se levanta Vd.?
c ¿Quién preparó el desayuno en su casa esta mañana?
d ¿Qué hacía Vd. cuando se preparaba el desayuno?
e ¿Qué tomó Vd. esta mañana de desayuno?
f Para llegar a su colegio ¿a qué hora sale de casa?

7 A party

a ¿Dónde estamos en esta escena?

b ¿Cuántas personas hay allí?   ¿Todas chicas? ¿Cuántas?
                                    Y ¿cuántos chicos?

c ¿Qué están haciendo?

d ¿Qué hace la señora?

e ¿Dónde está el teléfono?

f ¿Por qué está abierta la ventana?

g ¿Qué clase de música se oye? ¿Cómo lo sabe?

h Probablemente ¿qué tendrá que hacer la señora en unos
     momentos? ¿Por qué?

i ¿Cómo es el apartamento?

General questions

a ¿Le gusta a Vd. la música? ¿Qué clase prefiere? ¿Por qué?

b ¿Le gusta bailar también? ¿Dónde baila Vd.?

c ¿Hay discotecas por aquí?

d ¿Qué hace Vd. en las discos además de bailar?

e ¿Irá Vd. a una disco el fin de semana próximo? ¿Qué hará Vd.?

Doubles

Look at the following pairs of pictures. Look at the first picture, then answer the question *¿Qué pasa?*: that is to say, describe the scene and what is going on as though it were happening **now**. Then look at the second picture and say what happened: *¿Qué pasó?*.

1 En el salón
   a   ¿Qué pasa?

   b   ¿Qué pasó?

2 En la playa
   a   ¿Qué pasa?

   b   ¿Qué pasó?

3 El cine

a ¿Qué pasa?

b ¿Qué pasó?

Picture series

If practice in recounting the story shown in a series of pictures is needed, those on pages 175–181 may be used.

Días de esquí

DIAS DE ESQUI

1.480 Ptas.

INCLUYE: • TRANSPORTE AUTOCAR LUJO

• 2 HORAS CLASE CON PROFESOR TITULADO

• COMIDA

Existe posibilidad de alquilar botas, esquís
y bastones a precios módicos.

SALIDAS SABADOS Y DOMINGOS DESDE GIJON Y OVIEDO

a   ¿Qué anuncia Autocares Pireneos?
b   ¿Cuánto cuestan estas excursiones?
c   ¿Cuánto tiempo se pasa aprendiendo a esquiar?
d   ¿Qué se puede hacer si no se tiene esquís etc.?
e   ¿Son caros?
f   ¿En qué días hay salidas?

General questions
a   ¿Sabe Vd. esquiar?   ¿Dónde ha aprendido? ¿Cuándo?
                             ¿Le gusta esquiar?
                             ¿Cuánto tiempo hace que no esquía?
                             ¿Cuándo volverá Vd. a esquiar? ¿Dónde?
b   ¿Le gustaría aprender?   ¿Dónde se puede aprender?
                             ¿En Inglaterra?
                             ¿Por qué le gustaría hacerlo?

Camping «El sol»

CAMPING EL SOL

Categoría 3ª   **Capacidad 280 plazas**

Situado a 3 km. de la ciudad

Tel. 42 50 00

Abierto: 1° de junio – 30 de setiembre

Propietario: Ernesto Corvaldo

a   ¿Cómo se llama este camping?
b   ¿Está al norte del centro? ¿Dónde está?
c   ¿En qué calle está?
d   ¿A cuántos kilómetros está de la ciudad?
e   Cuando se va al camping de la ciudad ¿qué hay a la derecha?
f   ¿Por qué hay un supermercado al lado del camping?
g   ¿A qué distancia está Madrid del centro? ¿En qué dirección?
h   ¿Es un camping de la primera categoría? ¿De qué categoría es?
i   ¿Durante cuántos meses está abierto el camping?
j   ¿En qué fecha se abre?
k   ¿Quién es Ernesto Corvaldo?

General questions
a   ¿Hace Vd. el camping? ¿Con quién?
b   ¿Ha hecho Vd. el camping en el extranjero? ¿En España? ¿Dónde?
c   ¿Le gusta hacer el camping? ¿Por qué? ¿Por qué no?
d   ¿Adónde le gustaría ir a hacerlo?

Horario

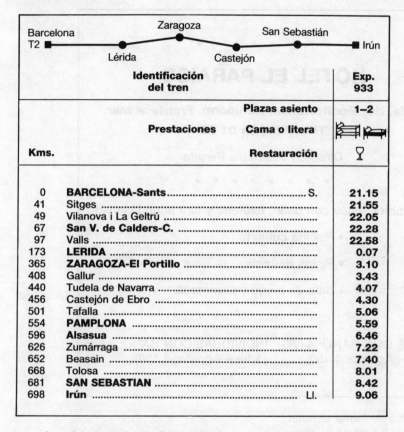

Barcelona T2 — Lérida — Zaragoza — Castejón — San Sebastián — Irún		
Identificación del tren		**Exp. 933**
	Plazas asiento	1–2
Prestaciones	**Cama o litera**	
Kms.	**Restauración**	
0	**BARCELONA-Sants** .... S.	21.15
41	Sitges	21.55
49	Vilanova i La Geltrú	22.05
67	**San V. de Calders-C.**	22.28
97	Valls	22.58
173	**LERIDA**	0.07
365	**ZARAGOZA-El Portillo**	3.10
408	Gallur	3.43
440	Tudela de Navarra	4.07
456	Castejón de Ebro	4.30
501	Tafalla	5.06
554	**PAMPLONA**	5.59
596	**Alsasua**	6.46
626	Zumárraga	7.22
652	Beasain	7.40
668	Tolosa	8.01
681	**SAN SEBASTIAN**	8.42
698	**Irún** .... Ll.	9.06

a ¿A qué hora sale de Barcelona?
b . . . y ¿a qué hora llega a Irún?
c ¿Cuántos kilómetros hay entre Barcelona y Lérida?
d . . . y ¿entre Barcelona y Pamplona?
e ¿Cuánto tiempo dura el viaje entre Lérida y Tudela de Navarra?
f . . . y ¿entre San Sebastián e Irún?
g ¿Cuál es el número del tren?
h ¿Qué quiere decir *Exp.*?

General questions
a ¿Cómo viene Vd. cada día al colegio?
b ¿Prefiere viajar en tren o en coche?
c ¿Tiene Vd. bicicleta? ¿Adónde va Vd.?
d En una estación ¿dónde se va para dejar las maletas?
e ¿Ha viajado en avión? ¿Cómo prefiere viajar?

El hotel

```
* * * * * * * *

HOTEL EL PARAISO

Avda. del Mediterráneo, Benidorm. Frente al mar.

TEL. (956) 64 01 25

Director: José Luis Peralta

* * * * * * * *

150 habitaciones con baño, teléfono y aire acondicionado

    • Piscina cubierta

    • Pistas de tenis

    • Sala de bingo y Discoteca


DOBLE CON BANO: 4.000    INDIVIDUAL CON BANO: 2.855
(Julio – Agosto: 4.450)   (Julio – Agosto: 3.150)
```

a ¿Cómo se llama el hotel?
b ¿Cómo se llama el director?
c ¿En qué parte de Benidorm está situado el hotel?
d ¿Cuál es el número de teléfono del hotel?
e ¿Cuántas habitaciones hay?
f En mayo, ¿cuánto cuesta una habitación doble con baño?
g . . . y ¿en agosto?
h ¿Cuánto cuesta una habitación individual en junio?
i ¿Qué se puede hacer para divertirse?

General questions

a ¿Le gusta a Vd. pasar las vacaciones junto al mar?
b ¿Qué se puede hacer para divertirse junto al mar?
c ¿Con quién va Vd. de vacaciones generalmente?
d ¿Cuántas veces ha visitado España?
e ¿Qué tiene Vd. que hacer para reservar una habitación en un hotel en España?
f ¿Qué hay que hacer si se pierde la llave de la habitación del hotel?

La ciudad de Logroño

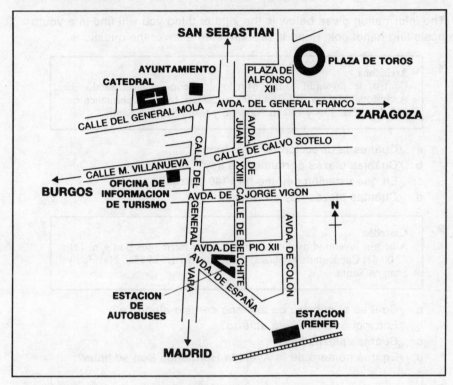

1 ¿Dónde está . . .   la catedral?
                         la Oficina de información de turismo?
                         la estación?
                         la Plaza de Alfonso XII?

2 ¿En qué dirección está . . .   Madrid?
                                  Zaragoza?
                                  Burgos?

3 You are at the station (RENFE). How would you direct someone to . . .
    la estación de autobuses?
    el ayuntamiento?
    la plaza de toros?
    la Oficina de información de turismo?

4 General questions
    a ¿Cuándo va Vd. a la ciudad? ¿Qué hace allí?
    b ¿Cuáles son los monumentos principales de la ciudad en que vive (o de una ciudad que conoce bien)?
    c ¿Le gusta (gustaría) vivir en una ciudad?
    d ¿Cuáles son los inconvenientes de vivir en una ciudad?

Albergues juveniles

The information given below is the kind of thing you will find in a youth hostelling handbook. Read it through, then answer the questions.

1

> **Archidona**
> Centro de juventud «Fray Martín de León», Calvo Sotelo, 1, Archidona, Málaga. Tel. 71 42 29. Capacidad: 16 plazas permanentes, 140 del 1.7 al 30.8 y 100 en Navidad y 60 en Semana Santa.

a ¿Cuál es la dirección de este centro?
b ¿Cuántas plazas permanentes hay?
c ¿En qué estación del año hay 140 plazas?
d ¿Cuántas plazas hay en Navidad?

2

> **Castellón**
> Albergue juvenil «Castillo de Olite», Avda. Hermanos Bon, s/n. Tel. 22 00 41. Capacidad: 90 plazas, solamente del 1.7 al 15.9, Navidad y Semana Santa.

a ¿Cuál es el número de teléfono de este albergue?
b ¿Entre qué fechas está abierto?
c ¿Cuántas plazas hay?
d ¿En qué número de la Avenida Hermanos Bon se halla?

3

> **Granada**
> Centro de juventud «Emperador Carlos», Camino de Ronda, 171. Tel. 23 16 01. Capacidad: 104 plazas permanentes, 246 del 1.7 al 20.9 y 216 en Navidad y Semana Santa.

a ¿Cuál es la dirección de este centro?
b ¿Entre qué fechas hay 246 plazas?
c ¿Cuántas plazas hay en Semana Santa?
d ¿En qué región de España está Granada?

4

> **Madrid**
> Albergue juvenil «Santa Cruz de Marcenado», Santa Cruz de Marcenado, 28. Tel. 247 45 32. Capacidad: 78 plazas permanentes. Solamente alojamiento y desayuno.

a ¿Cuál es el número de teléfono de ese albergue?
b ¿Cuántas plazas hay?
c ¿Se puede tomar las comidas allí?
d ¿Qué sabe Vd. de Madrid?

General questions

a ¿Cuántas semanas de vacaciones tiene Vd. en el verano?
b ¿Dónde pasa Vd. generalmente las vacaciones?
c ¿Qué le gusta hacer durante las vacaciones?
d ¿Ha estado en el extranjero? ¿Dónde?
e ¿Dónde ha pasado las vacaciones el año pasado?
f ¿Adónde irá de vacaciones este año? ¿Qué hará?
g ¿Qué región de España le gustaría visitar?

Corrida de toros

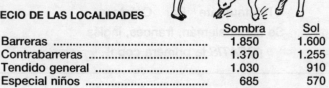

DOMINGO, 24 de AGOSTO 1985   18 horas

¡GRAN CORRIDA!
FELIPE GUTIERREZ
EL GITANO DE PLATA
SERGIO GONZALEZ

PRECIO DE LAS LOCALIDADES

	Sombra	Sol
Barreras	1.850	1.600
Contrabarreras	1.370	1.255
Tendido general	1.030	910
Especial niños	685	570

Venta de las localidades en Agencia de Viajes y Hoteles

a ¿En qué día de la semana ocurrirá la corrida? ¿Qué fecha será?
b ¿A qué hora comenzará la corrida?
c ¿Quiénes son Felipe Gutiérrez, El Gitano de Plata y Sergio González?
d ¿Cuánto cuesta un asiento en la sombra en las barreras?
e ¿Es más caro en el sol? ¿Cuánto menos?
f Para un adulto, ¿cuál es el precio más barato?
g ¿Quiénes tienen que pagar 570 pesetas para entrar?
h ¿Dónde se sentarán?
i ¿Dónde se puede comprar entradas para la corrida?

General questions

a ¿Ha visto una corrida de toros? ¿Dónde? ¿Cuándo?
b ¿Qué le parece una corrida?
c ¿Le gustan los animales? ¿Cuáles prefiere?
d ¿Tiene animal doméstico en casa? ¿Cómo se llama?
e ¿Desde cuándo tiene Vd. este animal?

Disco «La Cabaña»

DISCO LA CABAÑA

Tel. 39 08 84

Todos los días de 20,00h. a 02,30h.

Restaurante   Bar   Cafetería

Se habla alemán, francés, inglés

¡GRATIS la primera copa!

a ¿Cómo se llama la disco?
b ¿Cuál es el número de teléfono?
c ¿Dónde está la disco en la ciudad?
d ¿A qué hora abre la disco?
e ¿Qué pasa a las dos y media de la noche?
f ¿Qué facilidades tiene la disco?
g ¿Son especialmente bienvenidos visitantes de qué países?
h ¿Cuánto cuesta la primera copa?
i En esta ciudad, ¿dónde se puede obtener información sobre excursiones turísticas?
j ¿Qué se puede hacer en el edificio al lado del Bar del Moro?

General questions
a ¿Le gusta a Vd. visitar las discos?
b ¿Le gusta a Vd. visitar el cine?
c ¿Hay discos y cines en su ciudad? ¿Cuántos? ¿Dónde están?
d ¿Cuándo fue la última vez que visitó Vd. el cine? ¿Fue solo?
e ¿Qué clase de películas prefiere Vd.? ¿Por qué?
f ¿Qué otros pasatiempos tiene Vd.?

Festival en Fuengirola

Invitación
Festival Internacional de
Arte
en Fuengirola

Queda invitado a visitar el Festival abierto todos los días desde el 2 hasta el 30 de diciembre, de 10 a 2 y de 4 a 8 (excepto domingos y días de fiesta).

Se servirán copas y tapas los días 2 y 3 de diciembre desde las 10 hasta las 8 de la tarde. Cordialmente bienvenido.

(ENTRADA LIBRE)

a ¿En qué ciudad tiene lugar este festival internacional?
b ¿En qué calle está la sala de exposiciones?
c ¿Qué está enfrente de la sala, al otro lado de la calle?
d ¿Qué se puede comprar aquí?
e ¿Dónde se puede cambiar dinero?
f ¿En qué mes se presenta el festival?
g ¿Cuántas horas está abierta la sala por las mañanas?
h ¿En qué día no está abierta la sala?
i ¿Qué se puede tomar el 2 y 3 de diciembre?
j ¿Cuánto cuesta entrar en la sala de exposiciones?

General questions
a ¿Estudia Vd. el arte?
b ¿Le gusta (estudiar) el arte?
c ¿Ha visitado un museo de arte? ¿Cuándo? ¿Qué vio?
d ¿Ha visitado Vd. Fuengirola?
e ¿Ha visitado otros sitios españoles? ¿Cuándo?
f ¿Le gustan las tapas? ¿Cuáles prefiere?

[handwritten: Imperfect describe things, Perfect have done...]

Mini-excursión a Andalucía

[handwritten annotations on map: Alhambra en..., catedral?, castillo (chateau) al, la Mar]

MINI-EXCURSION A ANDALUCIA

1 noche en CORDOBA   **1 noche en TORREMOLINOS**
2 noches en SEVILLA   **1 noche en GRANADA**

PRECIO POR PERSONA: Clase turística 28.000 ptas.
Clase lujosa   38.000 ptas.

HOTELES: 3 y 4 estrellas

HABITACIONES: con baño

AUTOCAR: aire acondicionado, butaca reclinable

VISITAS INCLUIDAS CON GUIA OFICIAL: Córdoba, Sevilla y Granada.

FECHAS DE SALIDA: Mayo   9, 23   Julio   4, 18, 25
Junio   6, 20   Agosto   1, 8, 15, 22, 29

a   ¿Adónde va esta mini-excursión?
b   ¿Cuántas noches en total dura la excursión?
c   ¿En qué ciudad se pasa más noches?
d   ¿Por cuáles ciudades pasa la excursión entre Sevilla y Torremolinos?
e   ¿Qué diferencia hay en pesetas entre clase turística y clase lujosa?
f   ¿Tienen ducha las habitaciones?
g   ¿Qué método de transporte emplearán los turistas?
h   ¿Será cómodo el viaje? ¿Cómo lo sabe Vd.?
i   ¿Quién acompañará a los clientes en sus visitas a Córdoba, Sevilla y Granada?
j   ¿Cuántas salidas hay en total?
k   ¿En qué mes hay más salidas?
l   ¿Cuál es la fecha de la primera salida?
m   . . . y ¿de la última salida?

General questions
a ¿Ha visitado Vd. algunas de estas ciudades?
b ¿Le gustaría visitar una? ¿Cuál? ¿Por qué?
c ¿Ha viajado mucho en autocar? ¿Adónde?
d ¿Qué otros métodos de transporte hay?
e ¿Cuál prefiere Vd.? ¿Por qué?

Rôles for ¡Hola! 1

(see page 98)

Name	1 María Pérez	2 Manuel Arrebal	3 Carmen López
Lives	pueblo cerca de Benidorm	Hotel Lisboa, Calella	apartamento en el centro de Málaga
Job	dependienta en una farmacia	mozo de hotel	era peluquera ahora desempleada
Interests	ropa música popular cocinar	chicas inglesas música popular nadar	la costura los niños la vida inglesa

Name	4 Tomás Lucán	5 José García	6 Josefina Paso
Lives	barrio residencial al sur de Barcelona	afueras de Gerona	centro de Madrid
Job	jubilado era zapatero	estudiante	doctora
Interests	las corridas Alemania	deportes – fútbol coches nadar	cocinar música clásica estudiar la medicina

Rôles for ¡Hola! 2

(see page 99)

Name	**1** Hernán Valdés	**2** Raul Vásquez	**3** Laura Rosales	**4** Paco Martín
Age	62	32	21	26
Lives	apartamento en las afueras de Santander	Vigo cerca del puerto	Bilbao	Hotel Rey Blanes, durante el verano
Speaks	español	español un poco de ruso	español inglés un poco	español
Job	mecánico de coches	ingeniero eléctrico	secretaria	camarero
Family	casado con 3 hijos un nieto	casado 4 hijos	padres una hermana	5 hermanos 2 hermanas
Interests	fútbol, ingeniería la familia	modelos eléctricos estudiar el ruso	atletismo, música tradicional, ropa	baloncesto fútbol, deportes
Why there	ganar información sobre París si es posible	vacaciones ver los monumentos de Londres, visitar a amigos en Bristol	competir para España contra Inglaterra y Francia, 800 metros	ganar dinero tomar el sol

Name	**5** Pilar Guillén	**6** Esteban Vega	**7** Eduardo Lleras	**8** Elena Serrano
Age	17	25	28	20
Lives	Paguera	piso en Barcelona	pueblo cerca de Calpe	casa en Santander
Speaks	español alemán	español, un poco de inglés, francés	español italiano	español inglés
Job	estudiante	soldado en Madrid	profesor de natación	periodista
Family	padres hija única	3 hermanos (2 en América del Sur)	1 hermana 3 hermanos	1 hermano 1 hermana
Interests	el campo los animales los caballos	el ejército los deportes esquiar	nadar carreras de coches coleccionar sellos	viajar leer las discotecas
Why there	alquilar una bicicleta ir en el campo	vacaciones con un tío que es dueño del bar	trabajar	pasarlo bien vacaciones tomar el sol

Rôle-playing 5: Examiner's script

See Rôle-playing 5: Examination practice (page 100). Unless otherwise stated, the examiner speaks first.

1

Candidate	Examiner
	Bueno ¿cómo estás?
a Say you are very thirsty.	
	¿Qué prefieres beber?
b Say you would like coffee.	
	¿Hay algo más que necesites?
c Find out where the bathroom is.	
	¿Quieres tomar una ducha o un baño?
d Ask if you can have a shower.	
	¡Claro que sí! ¿Algo más?
e Find out where to put your clothes.	
	Hay un armario en la habitación.

2 (Candidate speaks first)

Candidate	Examiner
a Say hello and ask how he is.	
	Hola, bien gracias ¿y tú?
b Say you are well and ask him if you can help.	
	Pues, busco Correos.
c Say that the post office is first left and then second right.	
	La primera a la izquierda y luego la segunda a la derecha.
d Ask him if he understands.	
	Sí, sí gracias.

3 Candidate

Examiner

Hola, ¡dígame!

a Tell the attendant to fill up the tank.

¿Algo más?

b Ask him to clean the windscreen.
Find out the cost.

2.040 pesetas. ¿Adónde van Vds.?

c Explain that you are travelling to Santiago.
Find out how much longer it will take you to get there.

Dos horas. Dos horas y cuarto, nada más.

d Say thank you and goodbye.

Adiós.

4 (Candidate speaks first)
Candidate

Examiner

a Ask if there is a swimming pool in the town.

Pues sí, cerca del centro.

b Suggest that you both go there.

¿Por qué no? ¿Tienes bañador?

c Say that of course you have a bathing costume.

Bueno, vamos.

d Ask how much it will cost.

Nada, te invito yo.

e Tell him that you will pay for a drink after swimming.

Bien, gracias.

5 (Candidate speaks first)
Candidate   **Examiner**

a Explain to the clerk that you want to go to Irún.

¿A qué hora quiere salir?

b Say that you want to leave as early as possible.

La primera salida es a las 08,10, la segunda a las 12,35. ¿Cuál prefiere?

c Tell him you will travel on the 08.10.

Bien, ¿primera o segunda clase? ¿Ida y vuelta o ida solamente?

d Ask for the difference in price between first and second class singles.

2.000 pesetas.

e Ask for a second class single ticket for tomorrow morning.

Muy bien.

6 Candidate   **Examiner**

Bueno ¿quién es Vd.?

a Give your name, nationality and the name of your hotel.

¿Dónde estaba cuando ocurrió el incidente?

b Explain that you were sitting at a café on the square.

Ese coche rojo ¿tenía mucha prisa?

c Tell him that it did not appear to you that the red car was travelling quickly.

Bueno, quizás tendrá que explicarlo todo otra vez en dos o tres semanas.

d Explain that you are returning to London in three days' time. Say that you are sorry.

7 (Candidate speaks first)

Candidate	Examiner

a Find out the kind of things
your friend likes to do.

*Me es igual. Me gusta ver el
campo de Inglaterra.*

b Suggest a coach trip
through the country to a
nearby town.

¿Qué se puede hacer allí?

c Explain that there is a park
there and a swimming pool.

*¿Qué haremos a la hora del
almuerzo?*

d Find out if he would like to
eat in a restaurant or take a
picnic.

¿Qué quieres hacer tú?

e Say that you prefer to take
a picnic because it is
cheaper.

Writing

Contents

Sus opiniones, por favor

You are coming to the end of a first visit to a Spanish hotel which you heard about from a neighbour and which sounded just what you wanted as it had a swimming pool, tennis courts and a large garden. The food is excellent, although the service only fair. Your room, number 75, is good and kept very clean. You've particularly liked the Andalusian music in the dining room, but noise after 11 p.m. has been a problem. Lunch and dinner are served too late and there aren't enough English newspapers.

How would you fill in this form which asks for your comments? Write down the numbers 1–6 on a piece of paper, then what you would put for each section (including the details at the bottom).

Sus opiniones, por favor

Complacer a nuestros huéspedes es la meta más importante de nuestro hotel y del personal que en él presta sus servicios. Su opinión como cliente de esta casa nos es totalmente necesaria para cubrir el objetivo de nuestra empresa: "Nosotros servimos".

Le rogamos encarecidamente por todo lo antes expuesto que rellene este pequeño formulario que se recogerá a su conveniencia en recepción o en su propia habitación.

1. ¿Se aloja Vd. por primera vez en nuestro hotel? Sí ☐   No ☐
2. ¿Por qué razón ha elegido Vd. nuestro hotel?
   ☐ Agencia de Viajes
   ☐ Precio
   ☐ Recomendación de otra persona
   ☐ Situación del hotel
   Otros motivos:...

3. ¿Qué juicio le merece nuestro restaurante?
   Calidad de la comida: Muy buena ☐ Buena ☐ Regular ☐ Mala ☐
   Servicio: Muy bueno ☐ Bueno ☐ Regular ☐ Malo ☐
4. ¿Qué juicio le merecen nuestras habitaciones?
   Calidad de las instalaciones:
        Muy buena ☐ Buena ☐ Regular ☐ Mala ☐
   Servicio y limpieza:
        Muy buenos ☐ Buenos ☐ Regulares ☐ Malos ☐
5. Me ha gustado mucho:...
   No me ha gustado :...
6. Otros comentarios:...

....
Nombre y apellidos...
N.º de habitación................... Dirección.........................

....
Ciudad................... País...................
Fecha...................

        Muchas gracias   La Dirección

Leaving a message 1

You may at some time need to leave someone a brief note in Spanish –
when staying with a penfriend's family in Spain, for example. Write down
what you would put if you had to pass on the following pieces of
information.

a You have gone shopping.
b There is a parcel for her on the table in the dining room.
c You have gone out for a walk and will be back about four o'clock.
d You have gone to the beach with Carmen and Miguel.
e Her father phoned. He won't be home until very late.
f Trini is unwell and can't come to the cinema this evening.
g Her brother says the train leaves at 9.50. He will meet her at the
station.
h Please telephone Sr. Pérez at three o'clock.

Leaving a message 2

a You have gone out to buy postcards and will be back soon.
b You don't feel well and have gone to the chemist's.
c You have put the eggs in the fridge and the other things in the kitchen.
d You have gone to town and will meet him in the bar opposite the
supermarket at 6.30.
e A friend called. You don't know her name, but she will come back this
afternoon.
f María phoned. She wants to go for a picnic tomorrow if the weather's
fine. She will ring again this evening.
g You have gone to the travel agent's to buy a ticket for your journey to
England.
h Carlos phoned. There are problems. Please ring him as soon as
possible.

Telegrams

Sometimes plans have to be changed at short notice and you may need to send a telegram to Spanish friends about the cancellation or postponement of a visit, altered travel arrangements, and so on.

Write down what you would put in each of the following situations. There is no need to write full sentences. Just convey the message as clearly and simply as you can.

e.g.

You can't come today, but will arrive in Barcelona at 3.20 p.m. tomorrow.

might be:

VIAJE HOY IMPOSIBLE. LLEGARÉ BARCELONA MAÑANA 15,20.

a You will arrive on Sunday. The train leaves Madrid at 2 p.m.
b John is ill and cannot travel. You will telephone on Tuesday.
c You can't come. There are problems at home. You will write soon.
d There are difficulties. Please telephone as soon as possible.
e There is a rail strike in Málaga. You will travel by plane and arrive at Barajas at 4.30 p.m. tomorrow.
f Antonio will leave tonight. He will see you at the airport.
g Happy birthday. A present will be arriving soon.
h You have left some shoes, probably in the bedroom. Please send them.
i Jane and Julie will be leaving on Wednesday night and hope to arrive in Seville on Friday afternoon.
j Her camera has been found. You will send it to her next week.

Postcards 1

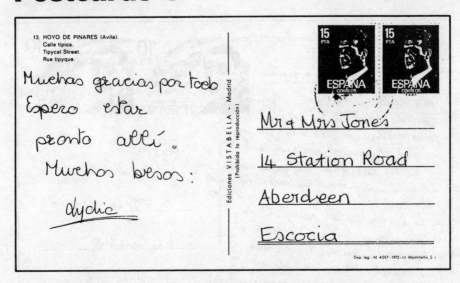

You may want to send a card to Spanish friends who don't understand English. Remember, the important thing is to convey the information accurately. There is no need to write complete sentences.

e.g.

Thank you very much for everything
you did for me.   *Muchas gracias por todo.*
I'll see you in May.   *¡Hasta mayo!*
Carol sends her regards.   *Recuerdos de Carol.*

What would you write in each of the following situations?

a Arrived home yesterday. A good journey, no problems. A marvellous holiday: you'll see him/her at Easter.

b Did he/she get your letter? You hope he/she will be able to come and stay in the summer. Write soon!

c Good luck with the new job! You'll be starting the new term next Tuesday. Your parents are well and send their regards.

d On holiday with your family in Scotland. It rained all day yesterday, but is fine today. Marvellous mountains and rivers. You'll write more later.

e Happy New Year! Thanks for the chocolates, they were delicious! You hope the record arrived without problems. It hasn't snowed here yet . . . and in Spain?

f You're camping with friends in the West of England. Lots of sun. The card shows a typical English village. Did he/she have a good holiday in France?

Postcards 2

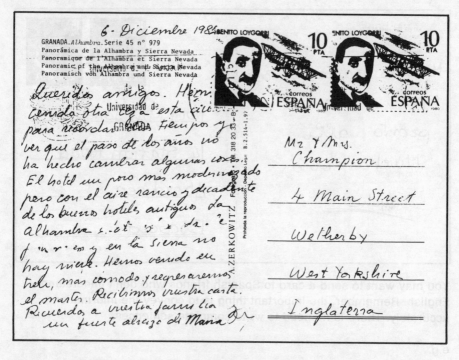

Write postcards to Spanish friends giving them the information as outlined below.

a Say that his/her letter arrived yesterday. Explain that your mother is unwell and that you will write soon.

b Explain that you are spending a week with friends at the seaside. Say that the weather is good and that you are having a good time.

c Tell him/her that you are spending a few days with your family at a hotel in Wales. Explain that the card shows a person wearing typical Welsh costume.

d Thank him/her for the postcard and ask if his/her sister will be coming to England this summer. Explain that your father is teaching you to drive. Say that all is going well – for the moment!

e Ask if he/she received the parcel at Christmas. Explain that the card shows a famous street in London and that you hope to be there soon. In March, you are going to visit friends who live very near London.

f Say that you have just received his/her letter and that you will send the photographs as soon as possible. Explain that your examinations begin next week and you have to do a lot of work.

Questions on a picture

1 At the bank

a ¿Dónde pasa esta escena?
b ¿Dónde se ve la fecha?
c ¿En qué estación del año estamos?
d ¿Qué está haciendo el empleado?
e ¿Cómo está vestida la vieja?
f ¿Qué tiene en la mano?
g ¿Qué está haciendo el hombre?
h ¿Qué se ve en la mesa?

2 In the kitchen

a ¿Qué hora es?

b ¿Cuántas personas hay y quiénes son?

c ¿En qué habitación de la casa están?

d ¿De qué color es el gato?

e ¿Dónde está?

f ¿Qué hay en la mesa?

g ¿Qué está haciendo el chico?

h ¿Por qué no está contento?

i ¿Te gusta fregar los platos?

3 On the beach

a ¿Qué tiempo hacía?
b ¿En qué estación del año ocurría esta escena?
c ¿Dónde ocurría?
d ¿Dónde estaba la mujer?
e ¿Qué comía?
f ¿Qué vestía?
g ¿Qué hacía el hombre?
h ¿Qué vestía?
i ¿Qué hacía el perro?
j ¿Qué iban a hacer los niños?

4 At the market

Escriba Vd. una descripción de la escena, de las personas y de lo que pasa.

Suggestions for success: Letter writing

Read these two letters carefully paying particular attention to the underlined sections. What is the main difference between the two letters?

---

10 North Road,
Townside,
Londres, 18 de mayo

Querido José,
   Me encantó recibir _tu_ carta en la que me comunicas que _vas_ a venir a visitarme aquí el verano próximo.
   Si me _dices_ el día de _tu_ llegada _te_ recibiré en el aeropuerto.
   Espero que todo vaya bien con _tus_ exámenes.
               Con un afectuoso saludo,
                     Rosemary

---

10 North Road,
Townside,
Londres, 1 de junio de 1985

Sr. Director,
Hotel Ibérico,
Valencia,
España

Muy señor mío :
   Tengo el gusto de dirigirme _a Vd_. porque me han dicho que _sus_ precios y facilidades son excepcionales.
   Quisiera reservar una habitación con baño en _su_ hotel para el lunes, 27 de junio.
   Por favor, _envíeme_ todos los detalles del hotel.
            Le saluda atentamente,
                  Rosemary Smart

The main difference . . .?

The first letter is an **informal** one written by Rosemary to her **friend** José.
   The second is a **formal** letter sent by Rosemary to someone she **doesn't personally know**, the manager of a hotel in Spain.

If you have to write to someone in Spain you have to decide how well you know this person, and then whether to write a **formal** or **informal** letter. (If you are replying to a letter you have received from Spain it may be much easier to decide. Why?)

Look at this list of people to whom you may have to write a letter in Spanish. Which ones would need a **formal** letter and which ones an **informal** letter?

- a close friend
- the manager of tourist information at Alicante
- a penfriend
- a campsite manager
- a hotel manager
- a Spanish boy or girl who will be taking part in a school exchange with you next summer

1 Informal and formal style

Look again at Rosemary's two letters, especially the underlined sections. Some parts are the same and some are quite different. Look at the differences listed below:

	Informal (friendly)	Formal (official)
The opening	*Querido José*	*Muy señor mío*
The message	*tu carta*	*dirigirme a Vd.*
	vas a venir	*sus precios*
	me *dices*	*su hotel*
	tu llegada	*envíeme*
	te recibiré	
	tus exámenes	
The ending	*Con un afectuoso saludo*	*Le saluda atentamente*
The signature	*Rosemary*	*Rosemary Smart*

The differences are quite clear, especially in the 'message' section where the familiar form (*tú*) is absolutely correct in an **informal** letter, and where the polite form (*Vd.*) is essential in the **formal** letter.

Be careful never to mix the two. If you are writing to an organisation or an official in Spain the whole letter must remain in the formal style. Similarly when writing a letter to someone you know, the familiar form is the one to use throughout.

2 Beginning and ending a letter

Now read these two short letters and then list the differences under the
same headings: opening, message, ending, signature.

Bristol, 28 de octubre de 1985

Estimado señor:

La semana pasada cuando estaba todavía
en España, visité su tienda para comprar unos
rollos de película para mi cámara japonesa.
Estoy seguro de que dejé mi cámara allí.
Sírvase comunicarme a su más pronta
conveniencia si Vd. la ha hallado en el
departamento fotográfico. Si la tiene Vd.
le ruego que la guarde hasta el mes próximo
cuando volveré a España para recogerla.
En espera de sus prontas noticias,
reciba un atento saludo,

Paul Morgan.

Manchester, 30 de febrero

Querida Juana,

Hace cinco semanas que no te escribo,
lo siento mucho pero la verdad es que estoy
muy ocupada. ¿Has recibido las fotos que
sacamos el verano pasado? Mark quiere que
nos mandes unas copias lo más pronto
posible. Te dejaste tus gafas de sol aquí,
te las llevaré en agosto.

Recibe un abrazo de tu amiga,

Diana

There are of course lots of ways of opening and ending both **formal** and
informal letters in Spanish. Here are some common examples:

Formal openings	Informal openings
Muy señor mío:	*Querido José,*
Estimado señor:	*Querido amigo,*
Distinguida señora:	*Querida Victoria,*
Estimada señora:	*Estimado amigo Felipe,*

Formal endings

Le saluda atentamente,
Reciba un atento saludo,
En espera de su respuesta,
  atentamente le saluda,

Informal endings

Con un afectuoso saludo,
Recibe un abrazo de . . .
Un abrazo de . . .
Con muchos besos de tu amiga,

Which openings and endings could you use in the following situations?

- starting a letter to a Spanish travel agent
- ending a letter to a close friend in Spain
- starting a letter to a Spanish penfriend
- ending a letter to the manager of a Spanish hotel
- ending a letter to a Spanish boy or girl who will be taking part in a school exchange next summer
- starting a letter to a tourist office in Spain

3 Formal expressions

If you look again at the message of the formal letters you will see not only the use of *Vd.* and third person forms but also some very unusual expressions. These are typical of this sort of letter in Spanish. Some of the most common and useful are:

Tengo el gusto de dirigirme a Vd. para . . .	I am pleased to be writing to you to . . .
Siento tener que comunicarle que . . .	I am sorry to have to inform you that . . .
Sírvase comunicarme a su más pronta conveniencia . . .	Please let me know as quickly as possible . . .
En espera de sus prontas noticias . . .	Hoping for an early reply . . .
Dándole gracias anticipadas . . .	With thanks in anticipation . . .

Of course, you don't have to use these rather long-winded expressions, there are simpler ways to say the same thing. However, if you can remember these expressions and use them appropriately, they will make your formal letters sound very Spanish indeed.

Whether you are writing a **formal** or **informal** letter, always be careful to write only what you know to be correct. If you are not sure of a word or how best to express an idea then you should avoid it and say something else that you do know to be correct.

4 The date

If you want to use the Spanish way of writing the date, then look at how it has been done in the four letters we have seen so far:

Londres, 18 de mayo
Londres, 1 de junio de 1985
Bristol, 28 de octubre de 1985
Manchester, 30 de febrero

You will notice that in the informal letters the year has not been included. In formal letters, however, it is essential.

Remember, though, the months of the year in Spanish begin with a small letter. And one more thing, can you remember where you should put this date?

Look at the four letters. Is the date in the same place whether the letter is formal or informal? Where is it?

5 Practice letters

a Imagine that a few weeks ago, after deciding to spend your holidays in Spain, you wrote to the *Oficina de Información y Turismo* in Badajoz asking for information about hotels, *pensiones* and *paradores*. Yesterday you received the following reply:

SECRETARIA DE ESTADO DE TURISMO
Oficina de Información y Turismo

BADAJOZ   Badajoz, 9 de diciembre de 1985

Muy señor mío:

    En contestación a su atenta carta remitimos el material

de propaganda siguiente:

            EXTREMADURA, Lista, hoteles/86,

rogándole acuse recibo para nuestro control.

    Atentamente le saluda,

        El Jefe de la Oficina,

When you look at the *Lista, hoteles/86* that has arrived with the letter you find that they are all too expensive and there is no mention of *pensiones*. You need more information about these – where they are, what they cost – as well as details of any places of interest in the region and about hiring a car.

Compose a letter to the *Jefe de la Oficina* thanking him for his letter and asking him also for the things mentioned above.

Suggestion summary
- Will it be a **formal** or **informal** letter?
- How will you write the date? Where will it go?
- How will you open the letter?
- What form of verbs and pronouns will you use?
- How will you end the letter?

b   Imagine that you have received the following letter from your penfriend in Spain:

La Coruña, 15 de abril

Querido Edward,

¿Cómo estás? Aquí en España todo va bien. Viene el verano y por eso las temperaturas empiezan a ponerse bastante altas.

Escribo para pedirte un favor. La hija de una amiga de mi madre tiene dieciséis años y quiere tener un correspondiente inglés. Su profesor le ha dicho que en este momento él no tiene contactos en Inglaterra. La chica es muy simpática y estoy seguro de que escribiría con regularidad. ¿Puedes encontrar a un chico o a una chica que quiera practicar el español?

Hasta tu visita en setiembre,

Un abrazo de
Carlos

Compose a reply to Carlos, thanking him for his letter, telling him that the weather in England is awful and saying you are looking forward to being in Spain in September. Find out if the girl can write or speak English and what hobbies she has. Tell him you will try to find a penfriend for her in your town.

Suggestion summary
- Will it be a **formal** or **informal** letter?
- How will you write the date? Where will it go?
- How will you open the letter?
- What form of verbs and pronouns will you use to address Carlos?
- How will you end the letter?

Penfriend wanted

You have seen the following request for a penfriend in a Spanish teenage magazine. Write a letter to María introducing yourself, and saying something about where you live and your own pastimes.

> **María Ríos Segura** (de 15 años), Avenida de San Ignacio, 14, Huesca; desea correspondencia con chicos -as de su edad. Pasatiempos: música, tenis, natación.

Answering a letter

Imagine that **you** have received the following letters and write a reply to them. Be sure to answer any questions and supply whatever information is asked for.

1

Toledo, 20 de agosto

Querida Karen,

Ayer volvimos a casa después de pasar dos semanas de vacaciones en Málaga. El tiempo era estupendo, yo pasé todo el día al sol en la piscina del hotel.

Recuerdo que dijiste que ibas a ir de camping a la costa galesa, ¿lo pasaste bien? Espero que hayas tenido buen tiempo, pues he oído decir que llueve mucho en esa parte del país. Cuéntame qué hiciste y háblame de los amigos con los que fuiste. ¡Qué suerte tienes! Mis padres no me permiten ir sola de vacaciones, siempre tengo que ir con ellos.

Un abrazo de

Laura

2

Barcelona, 8 de marzo

Querida Gill,

Muchísimas gracias por invitarme a pasar unas vacaciones en Inglaterra en agosto. ¡No te imaginas lo contenta que estoy!

Tendré que viajar desde Barcelona a Santander en el tren. Allí cogeré el barco que llega a Plymouth 24 horas más tarde. ¿Podréis esperarme allí? Si no podéis, ¿hay trenes para Croydon, o hay que cambiar en Londres? Al parecer, Londres tiene un gran problema de tráfico ¿no? Ayer vi un reportaje en la televisión en el que decían que muchos ingleses prefieren usar una bicicleta, porque es más rápido que cualquier otra forma de transporte, ¿es verdad?

Cuando me contestes, dime qué tiempo hará en Inglaterra en agosto y si tengo que llevar ropa de abrigo.

Un abrazo

Conchi

3

Granada, 2 de octubre

Querido Richard,

Perdona mi silencio por tanto tiempo. La verdad es que estoy muy aficionado a los deportes, el fútbol y la natación sobre todo, y, claro, eso no me deja mucho tiempo para escribir. ¿A ti te gustan los deportes? ¿Qué pasatiempos prefieres? Si te gusta coleccionar cosas ¿hay algo que yo pueda enviarte de España?

Mi jefe acaba de informarme que el año que viene tendré que ir a Liverpool a trabajar. ¿Qué consejos puedes darme? Por ejemplo, ¿sería mejor vivir con una familia inglesa o en una pensión? Escribe pronto, por favor.

Con un saludo cordial de tu amigo,

Paco

4

Almería, 30 de abril

Querida Lisa,

Estoy muy contenta de haber recibido tu carta y me gusta mucho tu fotografía. ¿Te gusta la mía? Espero que sí.

Me alegro mucho que puedas visitarnos este verano. ¿Cuándo terminas tus cursos en el instituto este año? Escríbeme pronto para decirme cuándo vas a llegar y cómo vas a viajar.

¿Qué pasatiempos y qué deportes te gustan? El tenis me encanta, es el número uno de mis deportes. He montado alguna vez a caballo, pero muy poco y bastante mal. Me gusta nadar y también me gusta mucho tocar la guitarra.

Estoy segura que lo vamos a pasar estupendamente.

Un abrazo afectuoso de
Mari-Sol

5

Segovia, 10 de abril

Querido amigo,

Muchas gracias por tu carta tan simpática. Lo siento, pero se me olvidó poner cuando es mi cumpleaños: es el 9 de junio. ¿Cuándo es el tuyo?

Segovia es una ciudad muy antigua pero tiene también partes modernas en las afueras. Todavía no sé nada de tu pueblo y quisiera saber cómo es. ¿Hay cosas interesantes allí?

En tu próxima carta cuéntame también algo de tu colegio. Por ejemplo, ¿cuántos alumnos hay, qué asignaturas estudias y cuáles prefieres? Si lo he entendido bien, en Inglaterra se practican muchos deportes en el colegio. ¿Es verdad?

Has dicho que será posible que te visite yo. ¿Cuándo será conveniente? Me hace mucha ilusión visitarte y conocer tu país.

Con un afectuoso saludo de
Felipe

6

Mataró, 2 de febrero

Querida Susan,

Mi profesora de inglés acaba de darme tu dirección porque dice que te gustaría corresponderte con jóvenes españoles.

Me llamo Rosa, tengo 16 años, soy hija única. Y tú, ¿tienes hermanos o hermanas? ¿Cuántos años tienen y cómo se llaman? Vivimos en Mataró que es una ciudad satélite de Barcelona, ¿dónde vives, en una ciudad o en el campo? Mi padre trabaja en una fábrica y mi madre es enfermera. ¿Trabaja tu mamá o sólo tu papá? ¿Qué hace él?

Vivimos en un piso bastante grande en una calle principal y aunque tiene mucho tráfico, y a veces hay mucho ruido, a mí me gusta porque tiene muchas tiendas e incluso un cine. ¿Vives tú en un piso? ¿Cómo es? Y ¿qué hay en la calle donde vives?

Yo estudio en un instituto, y tú ¿estudias o trabajas? Escríbeme pronto contándome también si tienes algún animal doméstico en casa. Nosotros tenemos un perro, se llama Zorrito es muy dócil y lo queremos mucho.

Un abrazo de
Rosa

Writing to a hotel 1

You will be travelling through Spain on holiday and plan to stay a night in Logroño. As you don't want to spend too much money, you decide to try and book at the Isasa, which has one star. Write to the proprietor, asking the following:

– Is there a room free on July 29th?
– If possible, you would like a room with a bath.
– How much does a single room cost?
– Is the hotel near the station?

CATEGORIA Y GRUPO	MODALIDAD	ESTABLECIMIENTO	OTRAS TEM- PORADAS ALTAS	TEMPORADA ALTA MEDIA BAJA	N.º DE HA- BITACIONES	HABITACION DOBLE		DESAYUNO	COMIDA O CENA
						BAÑO	LAVABO		
1	2	3	4	5	6	7	8	9	10
		C LOGROÑO Ω ♨ ⊤ ⊠ ⊡ ⊟ ☰ S ➘ ◑ ✚ ⚘ † 384 ✚ 110.980							
HR ★★★★		**Bracos, Los** ◉ ☎ S ● □ ⊪ ☎ Bretón de los Herreros, 29 ☎ 226608 ☎0000037126 D. Demetrio Castillo Guerrero		1/ 1-31/12	72	4800		350	
HR ★★★★		**Carlton Rioja** ◉ S ✚ ♨ ⊪ ☎ ⊏ Gran Vía D. Juan Carlos I, 5 ☎ 242100 D. German García Sesma		1/ 6-30/ 9 1/10-31/ 5	120	4860 4400		285	
HR ★★★		**Gran Hotel** ◉ ☎ S ☎ ♨ ⚘ ✚ ⊟ ⊪ ☎ General Vara de Rey, 5 ☎ 242100 D. Teodoro Maya Valencia	SS	1/ 7-15/10 16/10-30/ 6	68	2750 2570		195	
H ★★★		**Murrieta** ◉ ☎ ⊚ ⊪ ☎ ⊏ Marqués de Murrieta, 1 ☎ 224150 D. Valero Alloza París		1/ 6-30/ 9 1/10-31/ 5	113	2630		200	750
H		**Cortijo, El** ⊼ S ⇋ ⚘ ⊪ ☎ Carretera del Cortijo, Km. 2 ☎ 225050 D. Justino Moreno Moral	SS FL	1/ 7-31/ 8 1/ 9-30/ 6	40	2400 2170		175	910
HR ★		**Isasa** ◉ ⊪ ☎ Doctores Castroviejo, 13 ☎ 221850 D. Adolfo Ochoa García		1/ 7-30/ 9 1/10-30/ 6	32	1940 1640		145	
		Tres Marqueses, Los ☎ ⊟ ⊪ ☎ Ctra. Zaragoza, Km. 8 ☎ 234211 D. Eugenio Guevara Ureta		1/ 1-31/12	17	1700		230	
⊞HR ☆☆☆		**Numantina, La** ◉ ⊡ ☎ Sagasta, 4 ☎ 220404 Dª. Lidia Ortega Cillero	SS	1/ 7-15/10 16/10-30/ 6	17	1880 170			
⊞HR ☆☆		**Animas, Las** ◉ ☎ Marqués de Vallejo, 8 ☎ 211003 D. Jaime García Calzada Pérez		1/ 7-30/ 9 1/10-30/ 6	28	2230 1940	1700 1550		
⊞ ☆☆		**París** ◉ ⊼ ⊪ ☎ Avenida de la Rioja, 8 ☎ 211508 D. José Luis Villarejo Loza		1/ 7-15/10 16/10-30/ 6	48	2400 1700			
⊞HR ☆		**Gonzalo de Berceo** ◉ ⊪ ☎ Gran Vía del Rey D. Juan Carlos I, N, 37 ☎ 229612 D. Cándido Montoya Díaz de Greñu		1/ 7-30/ 9 1/10-30/ 6	21	1700 1580	1440 1360	160	
⊞HR ☆		**Mesón Pepa** ⊼ Crta. Zaragoza, Km. 3 ☎ 234011 D. José María Nestares Goicoechea		1/ 1-31/12	13		1370		
⊞HR ☆		**Sebastián** ◉ ⊪ San Juan, 21 ☎ 221779 D. Sebastián Ilarraza Terroba		1/ 1-31/12	14		1250		

Writing to a hotel 2

You have just returned home after spending a holiday at the Hotel Montemar in Torremolinos. On arrival, you find you have left some clothes behind in your hotel room. Write to the manager:

- giving the dates you were at the hotel
- telling him what has happened
- describing the items of clothing left behind and saying where they were left
- asking him to send them to you
- thanking him and saying you will pay postage

Renting a flat

Your family wants to rent a flat in Spain for a holiday and a friend has given you this cutting from a newspaper:

Alquilo piso amueblado céntrico, lavadora automática, televisión. Por meses o temporadas desde 12.500 pesetas. Informes teléfono 531087 o J. Sánchez, Calle Quintana, 17, Oropesa.

Write a letter to the owner asking:

- Is the flat free during August?
- How many bedrooms are there?
- Is it near the shops?
- How much does it cost during August?

Writing to a campsite

Vd. y un grupo de sus amigos quieren pasar sus vacaciones en España. Escriba una carta al dueño del camping «Alpha», Carretera Torija, Pamplona, pidiéndole información sobre:

- las facilidades que ofrece el camping
- los precios
- las fechas que está abierto
- la distancia del camping hasta el mar

Writing to a tourist office

You are preparing a project on Galicia and need information and material. Write to the tourist office in La Coruña and ask for the following:

– a town plan of La Coruña
– a list of important buildings
– a map of the region
– general information about Galicia (weather, railways, tourism)

Dársena de la Marina
Teléfono 22 18 22

SECRETARIA DE ESTADO DE TURISMO

OFICINA DE INFORMACION DE TURISMO

LA CORUÑA

Con atentos saludos,

Outline letters

1 You have just been away on holiday. Write to your Spanish penfriend giving the following information:

   – where you went
   – how long for
   – who you went with
   – what the weather was like
   – what you saw and did

2 Write to a Spanish friend apologising for not having answered his/her letter before. You have just come out of hospital after a motorbike accident. Explain how it happened and about your injuries. Say how your family and friends reacted and how it affected your work.

Bring in many phrases as poss.
Start & end candidate - OK.

3 You have just returned home after staying with a friend in Spain. Tell him/her about your return journey: a delay at Madrid airport – reason for it – how long you had to wait – what you did to pass the time – what happened going through Customs – train journey once you arrived in England – news of your family once you got home.

4 Write to a Spanish friend who lives in Madrid. Explain that you will be spending a week with your family in Toledo in April. Ask if he/she can get any information about Toledo for you from the tourist office (e.g. town plan, list of hotels, information about the region, important buildings, things to see and do). Ask if he/she will be in Madrid then and if it will be possible for you to meet.

5 A Spanish friend has written asking what happens at Christmas in England. Answer the letter, including in your reply some of the following:

- going to church and carols
- presents: when and where they arrive
- food and drink, parties
- traditions
- how your family spent last Christmas

6 Next month, you are due to go and stay with a Spanish friend who lives near Barcelona. Write a letter explaining how you intend to travel to Barcelona and asking about arrangements for meeting once you get there. You would like to know what the weather will be like, what you will be doing and what clothes you should bring. Is there anything he/she would particularly like from England?

7 Your Spanish penfriend has written asking how an English family spends the weekend. Answer the letter, explaining what the various members of your family usually do. Then say what you did last Sunday (e.g. time of getting up, how you spent the day, meals, when you went to bed).

1. weekend coming middle

8 You have just returned home after spending a fortnight's holiday in Spain with your penfriend's family. Most of the time was spent at their house in Vitoria, but you also had a few days by the sea near San Sebastián. Write a 'thank you' letter to your penfriend talking about the holiday and mentioning the things you particularly enjoyed (e.g. weather, food, excursions, time at the seaside, sport). Mention some of the people you met (e.g. family, friends). Say you are looking forward to seeing him/her at your home next Easter and outline briefly a few of the things you intend to do.

Suggestions for success: Picture essays

1 Read all instructions

First and foremost read the instructions carefully, noting especially:

- the tense required e.g. present, past
- the number of words required e.g. 100,120,150

Remember, you are going to try to write an interesting and connected story using good, accurate Spanish.

2 Look carefully at the pictures

Before you begin to write look at all the pictures in the correct sequence, 1–4 or 1–6 and try to follow the story-line.

3 'When? Who? What? Where?' format

Let's suppose you are asked to write a story of 120 words in Spanish in the present tense about the following four pictures. Especially useful for the first picture, but be careful not to over-use it in the rest of the story, is the 'When? Who? What? Where?' format.

When?   *Esta tarde, a las dos y media*
Who?   *muchos viajeros españoles*
What?   *esperan con impaciencia un tren*
Where?   *en la estación de Vigo.*

4 'Linking' words and phrases

You can help make your composition into a story by linking one picture to the next. To do this you can use expressions which suggest the passage of time:

e.g.

más tarde
en seguida
después
después de + infinitive

or which suggest a reason or result:

e.g.

al + infinitive
por lo tanto
por consiguiente

Cinco minutos más tarde todo el mundo está en un departamento del tren.
Al entrar, una señora gorda tira de un perro negro que no quiere subir.
Un señor calvo pone su maleta grande en la red estrecha.

5 'Describing' words and phrases

To make your story more readable, briefly describe actions, people, places and objects.

e.g.

Picture 1
***Muchos** viajeros **españoles** esperan **con impaciencia** . . .*

Picture 2
*una señora **gorda***
*un perro **negro***
*su maleta **grande***

Other examples of this idea could be:
*entra **lentamente***
*llega **tarde***
*gritan **en voz alta***
*un chico **alegre***
*una plaza **tranquila***
*las casas **blancas***
*los pantalones **azules***

Look again at the two pictures, and think of ways of describing the
following:
la estación . . .
el tren llega . . .
las flores . . .
los zapatos . . .

6 Useful expressions

Always try to write only what you are sure is correct. It is better to write
something which is straightforward and accurate than something which is
too complicated and too difficult.

*Durante el viaje largo unos pasajeros toman algo de beber. Un camarero
simpático acaba de llevar unas bebidas. Al chico le gusta tomar limonada.
Todos tienen que pagar.*

Some straightforward and colloquial expressions in Spanish which are not difficult to remember and use are:

acabar de + infinitive
gustar
tener que + infinitive
volver a + infinitive

How could these expressions have been used in pictures 1 and 2?

7　More complex sentences and pronouns

Other ways in which you can make your story more varied are to use more complex sentences, and to use pronouns to avoid repeating nouns.

Al llegar a su destino todos salen del tren menos un hombre que se queda en el departamento con el perro. Este hombre lo pasa por la ventanilla abierta porque es más rápido. El chico y la señora están mirando a los hombres pero no les ayudan.

You can see that each of these sentences is made up of two parts and each part has a verb. The two parts are linked with quite simple words, *que*, *porque* and *pero*. What other words can you think of that can be used in the same way?

In the second sentence the pronoun *lo* is used to avoid repeating *el perro*. Which pronoun is used in the last sentence and why?

8 Examples of picture essays

Now look at this series of six pictures and then read the two stories based upon them. The instructions were:

Write a story in Spanish of no more than 120 words, based upon the following pictures and using the past tenses.

Story 1

La señora González fue a la biblioteca con su perro. En la biblioteca busca un libro. Dos chicos decidieron soltar el perro. El perro corrió por la biblioteca. Una empleada cayó. El perro ladró y las personas miraron el perro. Un hombre señaló el letrero. La señora salió de la biblioteca y los chicos echan a correr.

Comments

This first version is good accurate Spanish, something you should always try to write. But it is also a rather boring list of events which seem to have little to do with each other! What's worse, there's something wrong with the length. Look again at the question instructions: how many words have, in fact, been wasted? Check the verbs too, what's wrong with two of them?

To make these events into a story is really not very difficult – it means remembering and using the ideas in 'Suggestions for success'.

Read through this second version of the story and look especially at the sections in bold print.

Story 2

Ayer, a las once de la mañana, la vieja señora González visitó la biblioteca municipal con su pequeño perro. Cinco minutos más tarde estaba dentro de la biblioteca grande y buscaba lentamente un libro famoso de la historia española. Mientras tanto dos chicos traviesos decidieron soltar el perro que corrió rápidamente por el tranquilo edificio. Una empleada atónita dejó caer todos los libros que llevaba. Al encontrar a la señora González el perro ladraba sin cesar. Todas las otras personas los miraban con sorpresa pero un hombre enfadado gritó ¡Silencio! ¡Silencio! Al jefe de la biblioteca no le gustaba tanto ruido, por lo tanto, la señora preocupada tuvo que salir inmediatamente. Los chicos se echaron a correr por la calle.

Comments

What a difference! This time it reads like a story. People and places have been described making it much less repetitive and boring and, perhaps, almost interesting!

At the station

1 Look at the pictures, then answer the questions.

a ¿Qué hora es?
b ¿Dónde acaba de llegar el señor González?
c ¿Qué está haciendo?

d ¿Qué hace el señor González?
e ¿A qué hora sale el tren para León?
f ¿En qué dirección está la consigna?

g ¿Dónde está el señor González ahora?
h ¿Qué tiene en la mano?
i ¿Cuántas otras personas esperan? ¿Quiénes son?

j ¿Dónde ha puesto su maleta?
k ¿Qué está haciendo?
l ¿Quién está con él en el departamento?

2 Now write out your answers to the questions so that they form a continuous story. You may need to rearrange some things and use linking words; you will find suggestions about this on page 166. If you like, you can also add other relevant information; for example, describe what señor González is wearing, say what time the train arrives at León, and so on.

Coffee in town

1 Look at the pictures, then answer the questions.

a ¿Qué tiempo hacía?
b ¿Quiénes se encontraron?
c ¿Dónde se encontraron?

d ¿Qué pasó?
e ¿Qué decidieron hacer?
f ¿Quién les estaba mirando?

g ¿Qué hicieron?
h ¿Quién se acercó a ellas?
i ¿Qué había en la pared?

j ¿Qué hora era?
k Antes de salir, ¿qué hicieron?
l ¿Cuánto tiempo habían pasado en la cafetería?

2 Now write an essay based on your answers to the questions. Where
   appropriate, link sentences together and add new material. For
   example, you could start by saying that the incident happened
   yesterday or **last week**. It is usually helpful to give names to the
   characters. You could add that it was eleven o'clock when the ladies
   went into the café, and so on. Before starting, be sure to read
   'Suggestions for success: Picture essays' (pages 165–170).

Picture essays

Your teacher will tell you how many words you should write.

1 El domingo pasado . . .

2 Home decorating

3 La llegada inesperada

4 Una visita al cine

5 Una visita a una familia española

6 Compras

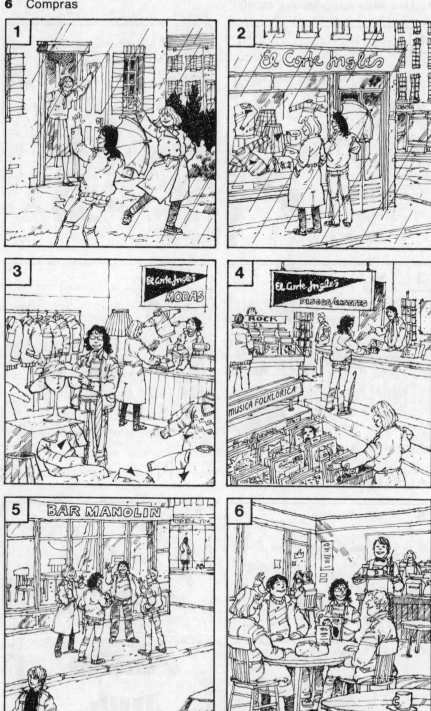

7 Unas vacaciones al aire libre

Accounts

Expand the following outlines, making sure you include all the relevant points as indicated. Your teacher will tell you how many words you should write.

1 Write about what you usually do on a Saturday. Your account should include:

- when you get up
- what you do during the day, where you go
- what the rest of your family does
- meals
- how you spend the evening

2 Write an account of a party: the reason for it (e.g. birthday, Christmas), presents, who came, what there was to eat and drink, and what people did (e.g. dancing, music, games). Mention the noise and the effect this had on others (e.g. parents, neighbours). What happened in the end?

3 Last week, you were on the way to town when you witnessed an accident. Say who was involved, how the accident happened, and the reactions of yourself and others (e.g. helping the injured, telephoning for ambulance, police).

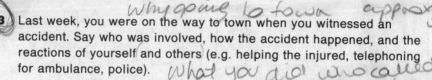

4 Your Spanish penfriend has written inviting you to spend a fortnight with his/her family during the summer holidays. Write an account of your preparations for the visit, including the following points:

- accepting the invitation
- getting a passport
- going to the travel agent's
- shopping (clothes, presents for the family)
- visit to the bank
- packing

5 Describe an evening out with a friend or friends. Say when you set out, where you went and what you did, supplying relevant details. Unfortunately, you arrived back home later than planned. Explain what happened to delay you and give your family's reactions to this.

6 Write an account of a family holiday in Spain. Say who went, what time of year it was, how you travelled, and where you stayed. Mention what you saw, what you liked and disliked, and include any relevant comments and details (e.g. about food, weather, local customs).

Tapescript

Contents

Tapescripts for the listening comprehension exercises are printed here. All items are spoken once only, but this does not, of course, mean that they should necessarily be used with a class in this way. Depending on the level and ability of their students, teachers may wish to repeat items, using pause and rewind facilities as appropriate.

Football results

Resultados de los partidos correspondientes a la segunda jornada de Liga:

Atlético de Bilbao	3	Barcelona	2
Las Palmas	0	Real Madrid	3
Osasuna	4	Celta	1
Valencia	4	Betis	2
Valladolid	3	Salamanca	0
Sevilla	2	Santander	0
Zaragoza	0	Sporting de Gijón	1
Atlético de Madrid	3	Málaga	0
Español	1	Real Sociedad	0

A Spanish visitor

a Me gusta mucho mi habitación.
b ¿Cómo se llama tu perro?
c Estoy muy cansada, me voy a la cama ahora.
d ¿Qué vamos a hacer esta tarde?
e ¿A qué hora tengo que levantarme mañana?
f Tengo ganas de bañarme.
g Lo siento, pero no te comprendo.
h ¿Se puede tomar una ducha?

Airport announcements

1 Señores pasajeros vuelo Cubana número 476 con destino Praga, embarquen por puerta número 10.

2 Llegada vuelo Iberia número 574 procedente de Santiago. Sala número 3.

3 Señor Pérez Fernández. Por favor persónese en el mostrador de Iberia.

4 Se ruega a los señores pasajeros, vuelo Sabena número 672, con destino Bruselas, embarquen urgentemente por puerta número 3.

5 Es el último y definitivo aviso para los señores pasajeros del vuelo Iberia número 955 con destino Nueva York. Puerta de embarque número 2.

Staying with a Spanish family

a ¿Quieres ayudarme a quitar la mesa?
b El cuarto de baño está arriba.
c Hay una toalla en el cajón.
d ¿Dormiste bien anoche?
e ¡Bienvenido! ¿Qué tal el viaje?
f ¿Qué tiempo hacía cuando dejaste tu pueblo?
g ¿Qué te gustaría hacer hoy?
h ¿Quieres poner tu ropa en este armario?
i ¿A qué hora sueles acostarte?
j ¿Estás listo? ¡Vamos a salir!

Understanding directions 1

1 ¿El Supermercado Central? Sí, sí es muy fácil. Mire, todo seguido hasta el final de la calle y después tuerza a la derecha, cien metros después verá Vd. la piscina. Al lado de la piscina tiene Vd. el Supermercado Central. No tiene pérdida.

2 ¿El Banco de Bilbao? Oh, es muy fácil. ¿Tiene Vd. coche? Si va en coche es mejor que lo deje porque está en el centro y no hay mucho sitio donde aparcar. Hay muchísimo tráfico allí. Mejor es que lo deje y que coja un taxi porque está justo en el centro.

3 La plaza de toros está al otro lado de la ciudad. Es bastante lejos. Sobre veinticinco o treinta minutos andando. Lo mejor es que coja Vd. un autobús. Son bastante frecuentes. El número diecisiete pasa por allí y solamente cuesta unas treinta pesetas.

4 ¿El Restaurante La Concha? No sé, no lo conozco. Lo mejor es que pregunte a un guardia. Mire, allí hay uno.

5 ¿Correos? Está ahí enfrente. Al otro lado de la plaza. Tenga cuidado y cruce por el paso de peatones y solamente cuando el guardia de tráfico se lo indique.

6 ¿La estación de ferrocarril? Mire, coja la primera calle a la izquierda, después tome la segunda a la derecha y vaya todo seguido hasta los semáforos. Tenga cuidado porque a pesar de los semáforos es un cruce muy peligroso. Después vuelva a la izquierda y al final de la cuesta verá Vd. la estación de ferrocarril.

Spaniards talking

1 Me gustan las películas del oeste; son mis favoritas. Prefiero verlas en el cine pero las entradas son muy caras y yo no tengo mucho dinero.

2 Mis padres me dan 300 pesetas a la semana y cuando ayudo a mi madre con la limpieza o con la cocina me dan otras 200 pesetas. Yo me gasto casi todo el dinero en discos y casetes porque me gusta mucho la música moderna.

3 Prefiero la piscina a la playa porque es más limpia y mucho más tranquila. Por las tardes salía con mis amigos a pescar o bailar y fuimos dos veces a un cine al aire libre, es muy divertido.

Station announcements

1 Tren rápido Talgo, procedente de Barcelona, efectuará su entrada por vía 10.

2 El tren tranvía con destino El Escorial situado en vía 4 de cercanías tiene parada en todas las estaciones de su recorrido.

3 Tren ómnibus procedente de Burgos que tiene su llegada a las 22,20 está efectuando su entrada por vía 12.

4 Expreso Costa Verde con destino Oviedo – Gijón – Avilés, estacionado en vía 8. Faltan cinco minutos para que efectúe su salida.

5 Se ruega a Don José Luis García Soto se persone urgentemente en la isla de información del vestíbulo.

Anita Gómez

Section 1
Tengo veintiséis años y tengo mi propia empresa desde hace tres meses. Me levanto a las ocho. A las nueve entro en el despacho y suelo acabar a las dos. Entonces voy a casa a comer. Tengo la gran suerte de que cuando llego la comida está hecha porque la prepara mi madre, que vive con nosotros.

Section 2
A las cuatro vuelvo a la agencia y no acabo hasta las ocho. Me encanta comprar. También me gusta leer cuando puedo y escuchar música. Me gusta mucho viajar, conocer otras culturas diferentes a la nuestra.

Shopping

½ doze   bread rolls.

1 Dos barras de medio, tres barras de cuarto, media docena de bollos *suizos*. Son en total 224 pesetas.

2 ¿Bañadores? Sí, Vd. puede comprar bañadores en el departamento de señoras. Está en el cuarto piso. Tiene Vd. una selección muy amplia de bañadores y bikinis. Puede Vd. ir en el ascensor. ¡Ay! mire, acaba de irse. No importa, vendrá otro en un momento. Puede Vd. ir en la escalera automática, si quiere. Está allí, al otro lado de la sección de perfumería.

3 Aquí tiene Vd. una pastilla de jabón – 60 pesetas, el paquete de aspirinas – son 44 pesetas, y la pasta de dientes – 86 pesetas. Lo siento mucho pero no nos quedan cuchillas de afeitar. Así es que todo junto son 190 pesetas.   Shaving (razor)

4 Dos cervezas, una coca-cola, tres raciones de tortilla, son en total 550 pesetas.

5 Cuatro sellos para Inglaterra, a 40 pesetas cada uno, un sello para Francia, 30 pesetas. Cinco postales a 20 pesetas cada una. Son en total 290 pesetas. Oh, perdón, me he olvidado los cigarrillos. Esos son otras 140 pesetas por favor. En total son 430 pesetas.

6 Dos sopas de pescado 240 pesetas, dos filetes con patatas fritas, 680 pesetas, dos flanes 120 pesetas. Una botella de vino, 230 pesetas y una botella de agua mineral con gas 90 pesetas. En total 1360 pesetas. Y la voluntad.

Weather report 1

Estado del tiempo en la Zona Centro
Temperaturas a las once de la mañana. Barajas, once grados. Toledo, trece. Cuenca, ocho. Segovia, nueve. El cielo está cubierto. Han caído chubascos de nieve en la sierra, y de lluvia, débiles en otros puntos de la zona.

Tiempo probable esta mañana a mediodía. Nubosidad variable con chubascos durante la tarde y mejoría por la noche. Ligero descenso de las temperaturas.

Personal details

1 Hay cuatro personas en mi familia, mi padre, mi madre y mi hermano. Yo soy la mayor. Mi hermano es menor que yo.

2 Tenemos un jardín muy grande con muchas flores y muchos árboles frutales.

3 Vivo en una casa en el campo. Es una casa bastante grande. Tiene cuatro dormitorios, un cuarto de baño muy grande, dos salones – en uno de los salones vemos la televisión – un comedor y una cocina.

4 Voy a un colegio que está bastante lejos de mi casa. Tengo que ir en autobús. El autobús sale por la mañana a las ocho y media y vuelve por la tarde a las cuatro y cuarto. Me gusta mucho el colegio aunque tengo que estudiar bastante porque tenemos muchas asignaturas. No me gustan mucho las matemáticas, prefiero los idiomas extranjeros.

5 Tengo dieciséis años. Soy alta. Tengo el pelo muy corto, castaño, los ojos también son castaños y todos me dicen que soy una persona muy alegre.

Understanding directions 2

1 ¿Los servicios? Sí, aquí están al lado de la recepción. Pase Vd. al ascensor, y a su izquierda verá una puerta muy grande que dice «Servicios».

2 ¿Los teléfonos? Están en el pasillo. El pasillo que va al restaurante. Pero le recomiendo que use Vd. el suyo en su habitación porque la mayoría de las veces están ocupados y cuando no están ocupados, no funcionan. Lo mejor es que vaya Vd. a su habitación y llame desde allí.

3 ¿Sala de televisión? Lo siento, no hay una en este hotel. Si no se quiere perder el partido de fútbol entre el Liverpool y el Barcelona tienen una televisión en el Bar Monterrey que está detrás del hotel. Ahí puede ver el partido.

4 ¿La discoteca? Está al lado de la piscina. Tiene que bajar unas escaleras porque la discoteca está en un sótano. Pero no abren hasta las diez.

5 ¿Información? Sí, está en el vestíbulo principal cerca de la salida, justo al lado de las oficinas de Iberia. Vaya todo seguido y después siga las señales.

6 ¿La taquilla? Pues, no estoy muy segura. Me parece que está al otro lado del pasillo, debajo de un reloj muy grande. No, no, ya sé dónde está. Está enfrente de la cafetería. Mire, ve Vd. ese anuncio de Coca-Cola, pues ahí justo está.

Announcements

1 El Supermercado Sumer tiene el gusto de anunciarles a sus señores clientes una oferta especial para el día de hoy. Con la compra de dos botellas de vino tinto le ofrecemos a Vd. una botella de coñac «Fundador» completamente gratis.

2 Señoras y señores, el Supermercado Sumer cerrará sus puertas en cinco minutos. Les damos las gracias por su visita y esperamos verles de nuevo. Les recordamos que las horas de apertura son por la mañana de nueve a una y por la tarde de cuatro a siete y media. Buenas tardes y muchas gracias.

3 Señoras y señores, les invitamos a ver a continuación el capítulo 24 de la serie americana Dallas. Como Vds. recordarán en el episodio de la semana pasada J.R. descubrió que sus negocios petroleros no marchaban tan bien como él pensaba. Esperamos como siempre que el programa sea de su agrado.

4 Señoras y señores, por inclemencia del tiempo nos vemos obligados a suspender la retransmisión en directo del partido de fútbol entre el Atlético de Bilbao y el Gijón. En su lugar les ofrecemos un programa de música pop que esperamos sea de su agrado.

5 Atención por favor. Rogamos a las personas interesadas en la excursión a Cuevas Blancas se dirijan a la entrada principal de donde saldrá el autobús en aproximadamente cinco minutos. No se olviden de pasar por el restaurante para recoger su comida empaquetada. Gracias.

6 Recordamos a nuestros señores clientes que esta noche a partir de las nueve podrán Vds. presenciar un espectáculo de música y baile tradicional español a cargo del tablao flamenco «Los Claveles». Los señores residentes en el hotel tendrán entrada gratuita.

Last Saturday . . .

El sábado pasado me levanté a las ocho y salí de casa una hora más tarde. Fui directamente al centro de la ciudad donde me esperaban mis amigos. Habíamos decidido hacer una excursión en tren a la costa. Durante el viaje leímos revistas y periódicos y llegamos por fin a la playa a las diez y cuarto.

Madrid traffic

1 Las entradas y salidas al Barrio del Pilar siguen bajo controles policiales lo que hace muy lento el tráfico.

2 En la calle de Fuencarral el tráfico es lento a causa de obras en la calzada.

3 En la calle de Alcalá hay retenciones desde Independencia en dirección a Sol.

4 En la calle de Atocha por incendio de una tienda frente al número 63, está cortado el paso. Aconsejamos eviten circular por dicha calle.

5 En la Glorieta de Cuatro Caminos, por colisión entre un camión pesado y un autobús está cortado el tráfico bajo el paso elevado. Se prevé que este corte durará al menos un par de horas. Informaremos en nuestra próxima conexión.

News items

1 Más de treinta muertos, así como cerca de cien heridos, es el balance provisional de la explosión de un coche-bomba ayer.

2 En el primer trimestre del año en curso se ha incrementado el coste de vida en un 3,5%.

3 Nuevo transplante de corazón en los Estados Unidos. El equipo de médicos ha llevado a cabo en Houston una nueva operación de este tipo en un hombre de cuarenta y siete años.

4 «Debéis lograr un mayor reparto de los bienes entre los países ricos y pobres». Con estas palabras se dirigía su Santidad Juan Pablo II a los trescientos VIP que participan en la Decimocuarta Asamblea Plenaria de la Comisión Trilateral que se celebra en Roma.

5 En próximos servicios informativos les ofreceremos un resumen de la rueda de prensa que está teniendo lugar con los Ministros de Justicia e Interior. Y nada más señores, con esta información meteorológica facilitada por nuestra compañera Pilar Sanjurjo nos despedimos de Vds. hasta la próxima edición de Telediario.

What to do

1 Atención a los señores pasajeros procedentes de París. Pónganse en la cola a la entrada de la sala de aduana número dos y una vez dentro abran sus maletas para su inspección. Por favor tengan preparados sus pasaportes.

2 Rogamos a los pasajeros del vuelo IB 707 con destino Londres pasen por la oficina de Iberia para ser admitidos en el vuelo y facturar su equipaje. Después esperen en la terminal dos hasta que se anuncie el comienzo del embarque. Muchas gracias.

3 Si Vd. quiere cambiar libras esterlinas en pesetas vaya Vd. a cualquier banco. Allí tiene que llenar una hoja y después le avisarán cuando tiene que pasar por la caja.

4 Para comprar un billete de autobús tiene Vd. que ir a la oficina de información. Allí verá Vd. un horario de todos los autobuses. Después vaya a la taquilla, pida Vd. un billete de ida y vuelta y no se olvide de decirles que quiere Vd. volver la semana que viene.

5 Si Vd. quiere alquilar un coche tiene que ir a la agencia. Pase por la oficina y presente allí su carnet de conducir. Tiene que decirle a la persona encargada para cuantos días necesita el coche, preguntar el precio, y pregúnteles también si tienen una sucursal en Santander donde Vd. pueda dejar el coche.

Things lost and found

1 Perdone, por favor, ¿le ha entregado alguien una cámara fotográfica? Es que ayer la perdí en los jardines de su hotel. No estoy segura donde la dejé pero creo que cerca de la fuente donde están los rosales. Es una cámara fotográfica marca Cannon. Tiene una funda negra. No puedo describirla mejor. Todas las cámaras son iguales ¿verdad?

2 Restaurante Ideal, dígame. Ah, me alegro que haya Vd. llamado. Sí, hemos encontrado sus billetes. Estaban en el suelo debajo de la mesa. Sí, sí, se los guardaremos aquí hasta que Vd. pase a recogerlos. No cerramos hasta la una y media de la madrugada. Adiós.

3 Es muy corriente encontrarse un monedero en la playa; lo que no es corriente es que no tenga ninguna forma de identificación. Es evidente que el dueño es inglés porque tiene varias libras esterlinas dentro. No se preocupe Vd., lo guardaremos aquí en la comisaría hasta que alguien lo reclame. ¿Puede dejarme su nombre por favor?

Descriptions

1 Acabo de ver un anuncio en el escaparate de la agencia inmobiliaria. Tienen un chalet en la Costa del Sol con tres habitaciones, cuarto de baño y una cocina estupenda. Estará vacante todo el mes de agosto y solamente cuesta veinticinco mil pesetas. Me parece muy barato, ¿no?

2 He visto un anuncio en el periódico que dice que tienen unas excursiones en barco por la costa. Sale todas las mañanas a las diez y vuelve a las doce. Cuesta solamente cien pesetas. ¿Te gustaría ir?

3 Un amigo mío me ha dicho que los jueves por la noche el Bar La Parra organiza barbacoas de sardinas recién pescadas. Con ellas sirven la riquísima sidra asturiana. Después ponen música para bailar. Hay un autobús especial que sale de Avilés a las siete y regresa a la una de la madrugada. Me parece muy interesante ¿no?

Home again

Ayer volvimos a casa después de pasar dos semanas de vacaciones en Mallorca. Llegamos muy cansados porque había una huelga de funcionarios en el aeropuerto y tuvimos que esperar ocho horas con un calor insoportable. Luego, cuando llegamos a Barcelona, perdimos el tren, y tuvimos que coger un taxi. Claro, mi padre estaba muy enojado. Dice que siempre gastamos más dinero del que tenemos.

Weather report 2

1 Continúa hoy el tiempo inestable afectando a la mayor parte de España.

2 Las temperaturas más altas en el interior de la Península se han registrado simultáneamente en Murcia y Sevilla con 18°. En las Baleares han tenido de 13° a 15° y en las Canarias de 19° a 20°C.

3 Las temperaturas iniciarán una suave recuperación.

4 Durante el día de hoy han disminuido las precipitaciones en España pero sin todavía conseguir desaparecer.

5 Durante la pasada noche ha habido muchas lluvias, pero especialmente intensas en grandes áreas de las provincias de Cataluña y Aragón.

6 En Canarias, algún intervalo nuboso en la parte norte de las islas y algún chubasco débil y disperso.

Avisos de tráfico por carretera

1 La carretera nacional VI se encuentra cortada por obras entre los kilómetros 45 y 48.

2   En la carretera de La Coruña se habilitará un carril supletorio a partir de las 16 horas.

3   Mañana, se prevé desvío en la nacional IV desde Ocaña a la E101 por Villarejo de Salvanés.

4   Se encuentran cerrados a causa de la nieve los siguientes puertos de carretera. Pajares en la nacional 630 a Oviedo; y El Escudo en la nacional 623 a Santander. Es obligatorio el uso de cadenas en el Puerto de Navacerrada de Madrid a Segovia.

5   Las intensas lluvias han causado corrimientos de tierras en la nacional E25 de Andalucía en el Puerto de Despeñaperros. Está prohibido el paso de vehículos pesados. Los vehículos ligeros pasan con extremada precaución y siguiendo las indicaciones de la Guardia Civil de Tráfico.

Happenings

1   Mi padre ganó un premio el otro día. El director de su compañía le dio un reloj de oro por haber trabajado durante 25 años para la misma compañía.

2   Mi hermana es enfermera. Hace unas semanas el Rey de España fue a visitar el hospital donde trabaja. Mi hermana dice que el Rey es muy guapo y mucho más alto de lo que parece en la televisión.

3   Mi hija decidió hacer una tarta el otro día. Preparó los ingredientes, los pesó y los mezcló. La receta decía añadir una cucharada de bicarbonato. Como la receta no decía la cantidad necesaria de bicarbonato mi hija empleó una cuchara grande. Metió la tarta en el horno y cinco minutos más tarde oímos una explosión. Al abrir el horno vimos que la tarta había explotado.

4   Esta mañana en la zapatería el dependiente estaba ayudando a unos clientes y tuvo que coger una caja que estaba en la estantería más alta. Se subió en una escalera y cuando estaba intentando alcanzar la caja que quería, se le cayeron los pantalones.

Chiste

Un joven detiene su automóvil ante la puerta de un café y llama a un hombre que se encuentra allí.
– Oiga, buen hombre. ¿Sabe usted conducir?
– No – responde.
– Bueno, pues entonces haga el favor de cuidar mi coche.

Weather report 3

El pronóstico para mañana es de cielo nuboso con algunos chubascos en las Baleares y en el Cantábrico, especialmente en su mitad occidental. Nuboso también con algunas precipitaciones débiles en Galicia. Nubes y claros y algunas nieblas matinales en el alto Ebro, en Aragón y en Cataluña. Nevadas débiles en los sistemas central y pirenaico. Los vientos flojos y encalmados. Las temperaturas relativamente suaves.

Telephone messages 1

1 Lo siento mucho señor, pero tenemos todas las mesas ocupadas para esta noche . . . ¿Mañana por la noche? Un momentito, déjeme mirar. Vamos a ver, vamos a ver . . . pues tenemos una mesa libre para las diez y media ¿vale? ¿Para cuántas personas? Para seis personas. Muy bien. ¿Puede dejarme su nombre, por favor?

2 ¡Oiga! Por favor, dígale a María que no puedo ir a la discoteca esta tarde. Tengo que terminar mis deberes. Mi madre no me deja salir hasta que no termine y tengo un montón de ejercicios de física y química, y también tengo que repasar la historia.

3 ¡Oiga! Por favor, diga a Manuel que no podremos ir a pasear en bicicleta hoy porque Antonio tiene un pinchazo en la suya, Isabel no se encuentra bien, y además el tiempo previsto es malísimo. Dígale que lo dejaremos para el sábado que viene.

4 ¡Oiga! Roberto me ha pedido que les telefonee a Vds. para decirles que su avión tiene una demora de por lo menos dos horas. Por lo tanto no vayan a esperarle a la estación porque será demasiado tarde y habrá demasiado tráfico también. El cogerá un taxi para ir a casa.

Telephone messages 2

1 Hola Felipe, ¿vas a ir a la piscina? Yo estaré allí toda la tarde con mi hermano menor. Estaremos en la parte de atrás cerca de las duchas. Te veo sobre las cuatro.

2 Hola Carmen, estamos a punto de salir para el hospital ahora. Dile a tu marido que se acuerde de traerme las novelas románticas que me prometió. Y recuérdale que no aparque en la parte de atrás del hospital como hizo la semana pasada. Es mejor que aparquéis en el parking que está delante del hospital. Juan está mucho mejor ahora pero no lo darán de alta hasta dentro de cuatro días.

3 Pedro, por favor, ¿puedes venir a recogerme? Se me ha escapado el último autobús. Estoy en la calle mayor enfrente del estanco. Te

in front of

esperaré aquí hasta que llegues. Te será fácil reconocerme porque llevo una camisa amarilla muy brillante.

4 Hola Manolo, escúchame con atención. Me acaban de llamar de la agencia de viajes para decirme que se han equivocado en la hora de salida del avión. El avión saldrá a las 7,30 y no a las 8,30. Así es que tendremos que coger el tren de las 5,00 en lugar del tren de las 6,00.

Travel agency

Conversations

1 – Buenos días.
– Buenos días.
– ¿Ha dormido Vd. bien?
– Sí, gracias. La cuenta, por favor.
– Mire. Aquí tiene.
– Sí, vamos a ver. ¿Me puede decir qué son estas tres mil pesetas?
– A ver, un momento. Sí, son tres mil pesetas del restaurante.
– Ah sí, claro. ¿Puedo pagar con tarjeta de crédito?
– ¿De qué banco?
– Del Banco de Bilbao.
– Oh sí, desde luego.
– Aquí tiene.
– Muy bien, adiós.
– Adiós, gracias.
– Buen viaje.
– Gracias.

2 – ¿Cuáles son tus pasatiempos favoritos?
– Cuando llueve me quedo en casa y me gusta tocar el piano y escuchar música pop.
– ¿Y cuándo hace buen tiempo?
– Y cuando hace buen tiempo me gusta mucho nadar en la piscina, y me gustaría competir en los juegos olímpicos.
– Ah sí, ¿nadas bien?
– Pues, bastante bien.
– Muy bien.

3 – El año que viene ¿adónde vas a ir?
– No lo sé, a lo mejor a Mallorca.
– ¿Adónde te gustaría ir?
– A los Estados Unidos.
– ¿Por qué los Estados Unidos?
– Porque tengo muchos amigos allí.
– Sí, ¿te gustan los Estados Unidos?
– Sí, no mucho, pero me gustan un poco.
– Muy bien. Adiós.
– Adiós.

4
- ¡Hola Teresa! ¡Cuánto tiempo sin verte!
- ¡Lo mismo digo!
- ¿Adónde vas?
- A la peluquería.
- ¿A qué hora vas a terminar?
- A las cuatro.
- ¿Quieres que te espere y vamos a tomar un café?
- Sí, vale, muy bien.
- Entonces te veo a las cuatro delante de la peluquería.
- Sí, ¿adónde vamos?
- Pues, hay un café nuevo que me han dicho que está lleno de gente joven. Parece interesante.
- Vale, vamos ahí.
- Muy bien. Hasta luego.
- Adiós.

5
- Buenos días.
- Buenos días ¿qué desea?
- ¿Tienen un mapa de Asturias?
- Sí, tengo un mapa de Asturias, aquí tiene.
- ¿Y un plano de Oviedo?
- Sí, el plano está por la parte de atrás del mapa. Mire, aquí lo tiene.
- ¿Qué parte de la ciudad me recomienda visitar?
- Pues, hay muchas cosas interesantes en Oviedo. Puede visitar la catedral y también tiene que visitar la parte antigua de la ciudad, es un sitio muy bonito.
- ¿Dónde está la catedral?
- La catedral está aquí detrás de la oficina de turismo, es muy fácil.
- Ah, gracias.
- Adiós.
- Adiós.

6
- ¡Hola!
- ¡Hola!
- ¿Cómo estás?
- Muy bien, gracias.
- ¿Adónde fuiste de vacaciones el año pasado?
- Fui a Grecia.
- ¿No fuiste a Italia?
- No.
- ¿Por qué no?
- Porque fui a Sud Africa y fui a Grecia a la vuelta.
- Muy bien, y ¿adónde vas a ir este año?
- A Escocia.
- ¿Cuándo vas?
- En junio.
- ¿Cuánto tiempo vas a estar allí?

– Seis semanas.
– ¡Tanto tiempo! ¡Qué suerte! ¿Vas a ir sola?
– Pues, no . . . con mi hermano.
– ¿Y tus papás?
– Ellos vienen en agosto.
– Muy bien, ¡pásalo bien, eh!

Jokes

1 Un niño vuelve del colegio muy triste, su madre le dice:
  – ¿Qué te pasa hijo?
  – Los niños se ríen de mí.
  – ¿Por qué se ríen de ti, hijo?
  – Porque dicen que tengo la cabeza muy grande.
  – Anda, no te preocupes, sabes que no tienen razón. Anda, arréglate y
vete a la tienda a comprarme cinco kilos de patatas.
El niño dice:
  – ¿Y dónde las traigo?
Su mamá le contesta:
  – ¡En la gorra, hijo, en la gorra!

2 Un médico le dice al enfermo:
  – No encuentro causa alguna del mal que Vd. afirma padecer.
Francamente creo que es debido al alcohol.
  – Entonces – dijo el paciente –, volveré cuando esté Vd. sobrio.

3 Al visitar la reserva de leones de un parque nacional, cierto
individuo no hizo caso de los letreros de aviso y bajó el cristal de
la ventanilla de su coche para poder filmar mejor a los animales.
Su esposa que estaba sentada a su lado, al darse cuenta de
pronto de lo que él había hecho, gritó:
  – ¡Cierra la ventana en seguida o me bajo del coche!

4 Un señor que deseaba vender su coche llamó por teléfono a cierto
periódico y preguntó cuánto costaba poner un anuncio.
  – Cien pesetas el centímetro cuadrado – le contestaron.
  – Demasiado caro – repuso él –, mi coche tiene casi cinco metros de
largo.

5 Dos señoras se metieron en el primer coche de una fila de taxis y
después de acomodarse le dieron la dirección al chófer.
  – Sería mejor que tomaran el automóvil que está detrás de éste – dijo
tranquilamente el chófer. `
Pensando que tendría órdenes de su empresa o estaba a punto de
terminar el servicio las señoras pasaron al vehículo indicado.
  – ¿Qué pasa? – les preguntó el taxista –, ¿no les gustó el coche de la
policía?

Eyewitness reports

1   Ayer estaba yo en la parada de autobús hablando con una amiga cuando vimos pasar a un chico en bicicleta por el medio de la carretera. De repente, al dar la vuelta a la esquina apareció una furgoneta que frenó en seco lanzando al chico por el aire. La bicicleta quedó entre las ruedas del vehículo. El pobre chico intentó levantarse pero no pudo. Sangraba mucho por la cabeza. Alguien llamó a la ambulancia que llegó a los pocos minutos y se lo llevó al hospital. El conductor de la furgoneta estaba muy nervioso y nosotros también.

2   El sábado vi a Rosa y a Carmen en el supermercado. Me paré a saludarlas y mientras hablábamos alguien pasó y, sin querer, empujó con su carro a Rosa contra una estantería de latas de conserva. ¡Tenías que haber visto la cara de Rosa cuando le cayeron encima todas las latas de tomate! ¡Fue muy gracioso!

3   El otro día en la piscina vi a dos chicos charlando. Uno llevaba un bañador pero el otro estaba vestido, llevaba hasta corbata. Llegaron dos chicas. Una de ellas tropezó y empujó al chico vestido que cayó al agua, muy asustado. El hombre salvavidas tuvo que sacarle porque no sabía nadar. ¡Pobre chico!

4   Mira, acabo de comprar un helado en el puesto del parque. Detrás de mí llegaron unos señores mayores a comprar sus helados. La señora llevaba un vestido muy escotado. Cuando el heladero le iba a dar un gran helado a la señora un perro le empujó por detrás y dejó caer el helado en el escote de la señora. ¡Qué risa!

Late home

Section 1
¿Señora Morales? Aquí la secretaria de su marido, Maribel Ordóñez – buenas tardes. Su marido Germán ha dicho que le llame por teléfono para explicar por qué va a llegar tarde a casa esta noche. Dijo que no podrá volver a casa hasta a eso de las once porque perdió el tren en Madrid. No hay que preocuparse.

Section 2
Dijo que comerá algo o en una cafetería de la estación o en el coche-restorán del tren. Francamente está un poco preocupado porque tiene dos cosas que hacer esta noche. Primero, iba a telefonear a su hermano Salvador en Marbella para decirle los detalles de su visita en abril. Bueno, quiere que Vd. telefonee a Salvador explicando que llegará su marido el día doce a las seis. Le acompañarán el ingeniero Rodolfo Arias y el arquitecto Antonio Salazar.

Section 3

Segundo, en su despacho hallará una carta muy importante. Echela al correo por favor; debe llegar a Barcelona pasado mañana sin falta. Finalmente dijo que, al llegar a la estación le llamará desde una cabina telefónica. No sabe la hora exacta de su llegada pero quiere que le reciba con el coche porque no le gusta la idea de esperar un autobús para regresar a casa.

Avisos de socorro

1   Se ruega al súbdito alemán señor Walter Barth que viaja en un automóvil Mercedes color blanco por la provincia de Murcia, se ponga en contacto con su domicilio en Hamburgo por asunto familiar grave.

2   Desde el día 7 falta de su domicilio en Barcelona el anciano de setenta y ocho años don José Ruiz Fernández. En el momento de su desaparición vestía americana azul, jersey negro, pantalones oscuros y un abrigo azul marino. Se ruega a las personas que puedan facilitar noticias sobre su paradero lo comuniquen al puesto de la Guardia Civil más próximo.

Covadonga

Section 1

Bienvenidos a Covadonga. Me llamo Juana Martínez y voy a tener el gusto de servirles de guía esta tarde. Covadonga es tradición y es historia. En este colosal escenario de altas montañas de extraordinaria belleza se encuentra la Cueva de la Santina. Dicen que era un lugar de culto a la Virgen María antes de la invasión de los Moros. El nombre Covadonga quiere decir Cova Domenica, es decir, la Cueva de la Señora. Hasta ella llegó don Pelayo acompañado de muchos cristianos que se refugiaron en estas montañas.

Section 2

Los Moros trataron de invadir Asturias y, dice la historia, fueron sorprendidos por los cristianos que lanzaron piedras, palos y flechas desde lo alto de esta montaña. Cuando mayor era la confusión y el griterío se desencadenó una terrible tempestad, cayendo tal cantidad de lluvia que se inundaron los valles y se desbordaron los ríos en cuyas aguas murieron ahogados multitud de Moros. Los pocos que quedaron tuvieron que huir vencidos y humillados. La tradición cristiana atribuye la victoria a la Virgen de la Cueva.

Section 3

Poco después se construyó la basílica que visitaremos a continuación. La fuente que ven Vds. a la derecha tiene siete caños y dice la tradición que toda joven que beba el agua de cada uno de los siete caños se casará antes de que acabe el año. Tras visitar la basílica subiremos a la zona de los lagos para merendar en medio de un paisaje sin igual.

A tall story!

Section 1
Los sevillanos tienen fama de simpáticos y bromistas. El resto de los españoles los admiran por esta razón. Con su acento andaluz son los mejores para decir piropos a las mujeres, y para contar chistes son únicos.

Section 2
Cuentan que dos señoras americanas muy altas paseaban una tarde calurosa de verano por la Calle de las Sierpes en Sevilla. Cansadas de oír comentarios de la gente sobre su altura – las mujeres altas no abundan mucho en Sevilla – se sentaron en la terraza de un café para tomar unos refrescos.

Section 3
Cuando terminaron de beber se levantaron y un señor bajito y con bigote que estaba sentado a su lado les dijo:
– ¿Volverán Vds. por aquí otro día?
– ¿Para qué? – preguntó una de las señoras.
– Es para acabar de verlas. No se las puede ver enteras de una sola vez.

Studying in Spain

Section 1
Bienvenidos al Colegio San Fernando. Soy la señora Ardiz, organizadora de los cursos para extranjeros. La señorita Lucía aquí presente se encargará de darles clases los lunes, miércoles y viernes. Los martes y jueves visitarán museos y lugares de interés no sólo en la provincia de Oviedo sino también en León y Galicia. El señor Gómez, que es profesor de Historia del Arte, les acompañará para servirles de guía y contestar a todas sus preguntas.

Section 2
El horario de clases en días alternos es el siguiente: dos horas por la mañana, de diez a doce, a las que seguirá una hora de ejercicios prácticos en el laboratorio audio-visual situado en el primer piso del edificio. A la una se servirá el almuerzo en el comedor que se encuentra en la planta baja. A las tres comenzarán las clases de nuevo y terminarán a las cinco. A partir de esa hora podrán Vds. hacer uso de las facilidades

del complejo polideportivo muy cerca del colegio donde hay piscina, canchas de tenis, baloncesto y balonvolea, y para los más energéticos hay también un campo de fútbol en la parte posterior del edificio.

Section 3

Los martes y jueves deberán reunirse todos a las nueve de la mañana en la entrada principal del colegio donde les recogerá el autobús. Los días de excursión comeremos en pequeños restaurantes típicos de la región que espero sean de su agrado. No olviden que el principal requisito es que a partir de este momento hablen castellano incluso entre Vds. mismos. Y nada más. Les deseo una feliz estancia y hasta el lunes a las diez.

A taped 'letter' from Spain

Section 1

¡Hola! ¿Cómo estás? Como no has contestado mi último casete he decidido enviarte otro. Me resulta mucho más fácil comunicarme contigo por este método que por carta. Además, creo que la palabra tiene un efecto más agradable que la letra, ¿no te parece?

Ayer vi una película cómica inglesa y me acordé de ti. Me hizo mucha gracia. Creo que vosotros los ingleses tenéis un sentido del humor distinto de los españoles pero en este caso me reí sin parar durante toda la película.

Section 2

Me gustaría ver la versión inglesa porque estoy segura que con el doblaje se pierden muchos detalles. A mi hermano no parecía hacerle mucha gracia. Supongo que es demasiado joven para entenderlo.

El domingo que viene iremos a visitar a mis abuelos que viven en el campo. Me gusta mucho ir a verlos y esta vez será una ocasión muy especial porque van a celebrar sus bodas de oro. Ya llevan cincuenta años casados. Toda la familia se va a reunir en su casa para celebrarlo. ¡Imaginas! ¡Seremos más de sesenta entre todos!

Topic index

This index is included for teachers wishing to use a topic-based approach. It does not include every item in the book, only those which fit reasonably easily into the categories listed below. Some overlap is, of course, inevitable, and the index is intended as a broad guide rather than a rigid demarcation.